우리 아이
완벽한

한 글 떼 기 부 터   읽 기 독 립 까 지

읽기
독립

박민하

한글을 지도하는 선생님과 부모님의 필독서

창조와 지식

우리아이 완벽한 읽기독립

한글떼기부터 읽기독립까지

초판 1쇄 발행 2020년 12월 02일

지은이_ 박민하
펴낸이_ 김동명
펴낸곳_ 도서출판 창조와 지식
디자인_ (주)북모아
인쇄처_ (주)북모아

출판등록번호_ 제2018-000027호
주소_ 서울특별시 강북구 덕릉로 144
전화_ 1644-1814
팩스_ 02-2275-8577

ISBN 979-11-6003-268-0 [03370]

정가 14,000원

우리 아이
완벽한

읽기
독립

한글떼기부터 읽기독립까지

창조와 지식

"한글은 어떻게 가르쳐야 할까?"

나의 단순한 궁금증은 첫째 아이가 5살이 되던 해부터 시작되었다. 또래 친구들은 벌써 일기를 쓴다는데, 한글 공부는커녕 유난히 말이 늦고 말을 할 때 자꾸 더듬는 아이가 걱정되어 영유아 검진을 받을 때나 유치원 상담이 있을 때면 나의 질문은 한결같았다.

"이렇게 말이 늦어도 괜찮을까요?"

그런 질문을 하는 것은 매번 단단한 마음의 준비가 필요했다. 하지만 다행히 크면서 말도 더듬지 않고 잘하게 되었고, 6살이 되던 해에야 한글을 시작했다. 그리고 두 달 만에 한글을 깨우쳤다.

십여 년 전 나는 외국에서는 한국어를 가르치고 한국에서는 아이들을 가르쳤다. 그때만 해도 통문자가 정석처럼 여겨지던 때였기 때문에, 24개월도 안 된 아이들을 데리고 열심히 스티커를 붙여가며 한글을 이미지화 하여 통문자 방식으로 가르쳤다. 그러나 외워서 알 수 있는 몇 자의 단어들을 보고 맞추는 것을 보고 잘한다며 아이에게 박수를 쳐주었지만, 대부분 한글조합의 원리를 배우는 국어 단계로 넘어가면 포기하기 일쑤였다. 그런 아이들의 대부분은 자기 나이와 맞지 않게 너무 일찍 시작한 것이 탈이었다.

　사실 이 책을 쓰게 된 것은 나에게 한글을 배우러 오는 친구들이 유치원생이 아닌 초등학생이었기 때문이다. 초등학교 1학년, 2학년이 끝나가는데도 한글을 못 떼었던 친구들이었다. (이 책에 사례에 나오는 학생이름은 모두 가명이다.) 원인은 여러 가지가 있었지만, 그중에 가장 많은 경우가 한글공부를 너무 일찍 시작한 경우였다. 2년 내내 통문자를 배웠지만, 막상 학교에 들어가 한글을 배우고도 기본적인 자모음조차 읽지 못했다. 그런 친구들이 하나 둘 씩 한글을 알고 학습에 자신감이 생기는 것을 보고 너무나 기뻤지만, 한편으로는 걱정이 되었다. 이토록 교육열이 넘치는 대한민국에서 아직도 한글 때문에 고생하는 아이들과 부모님 때문이었다.

만약 우리 첫째 아이에게 내 아이의 상황을 살피지 않고, 두 살 세 살 때부터 한글을 교육했더라면 어땠을까. 생각만 해도 아찔하다. 그 래서 나는 한글은 일찍 시킬수록 좋다는 일반적인 관념을 바꾸고자 이 책을 썼다. 이 책에서는 한글의 바람직한 학습 시기와 지도방법과 한 글학습 범위에 제대로 된 읽기 능력까지 포함해 완벽한 읽기독립에 이 르는 바람직한 독서교육법을 제시한다. 이 책은 한글을 제대로 이해하 고 가르치고 싶은 부모님과 한글을 가르치는 선생님들의 고민을 해결 하는 데 많은 도움이 될 것이다.

어렸을 적, 열 칸 노트 한 권으로 나에게 한글을 가르쳐준 부모님, 책이 나오기까지 물심양면으로 지지해준 남편, 그리고 엄마와의 공부 를 최고의 즐거운 시간으로 여기는 사랑스러운 두 아이 하율, 하린에 게 무한한 사랑을 보낸다.

2020년, 9월

- 프롤로그

3부 한글지도방법

4부 우리아이 완벽한 읽기독립

차 례

1부

한글을
왜
가르쳐야
할까

01
한글은 언제부터?

옹알이하던 때가 엊그제 같은데, 슬슬 한글 교육을 할 때가 찾아온
다. 옆집 아이들은 두 살 세 살 때부터 통문자를 한다느니, 낱말카드를
한다느니, 하는 소리가 들려오면 슬슬 불안감이 든다. 중요한 것은 무
조건 남이 하니까, 따라 하는 것이 아니라, 모든 교육은 철저히 내 아
이 중심으로 돌아가야 한다는 것이다. 아이를 키우는 엄마라면 알 것
이다. 우리 아이가 글자에 관심이 있는지, 전혀 관심이 없는지 말이다.

한글 교육은 아이가 관심이 있을 때 시작하면, 제일 좋다. 전혀 글
자에 관심이 없는데, 한글 공부하자고 아이에게 무리한 요구를 하면
안 된다. 아직 어린아이를 붙들고, 처음부터 낱말카드를 보여주며 한
글을 외우게 하는 것은 정말 비효율적이다. 우리나라는 십여 년 전 부
터 한글 통문자 열풍이 불었다. 한글을 시작하는 나이는 다양했지만
거의 2세부터는 학습지를 시작했다. 말도 못 하는 아이들을 데리고 스
티커를 붙이고 낱말카드를 억지로 주입 시키는 것은, 집중력이 1분도
안 되는 조그만 아이들에게는 효과가 없다.

통문자교육은 그림이나 사진을 각인시키듯이 글자를 통째로 이미
지화시켜 인지시키는 방법이다. 아이가 좋아하는 사물을 연계하여 놀

이처럼 가르치면, 아이가 좋아하기도 하고 어느 정도의 단어들은 맞출 수 있겠지만, 그것은 완벽한 한글 떼기가 아니다. 읽을 수 있는 단어 수도 한정적이다. 한글은 소리글, 즉 말소리가 그대로 문자로 표현되는 글이다. 그렇기 때문에 한글을 가르치는 것은 아이들이 이미 알고 있는 말소리에 문자를 대응시켜 나가는 것이다. 한글의 자음은 발음기관의 모양을 본떠 만들었고, 음가별로 발음기관의 형태와 매칭 하여 획이 더해지는 원리로 만들어졌다. 자음 모음이 결합 되어 글자가 만들어지기 때문에 자음과 모음의 결합방식에 따른 소리가 나는 기본원리를 익히는 방식으로 배워야 한다.

스위스의 심리학자 피아제(piaget)는 인간의 인지발달을 네 단계로 구분한다.

- 감각운동기(0~2세)
  - 감각적 반사운동을 하며 주위에 대해 강한 호기심을 보인다.
    대상 영속성의 개념형성
- 전조작기 (2세~7세)
  - 상징을 사용하고, 사물의 크기 모양 색 등과 같은 지각적 특성에 의존하는 직관적 사고를 보이며 자기중심적 태도를 보인다.
- 구체적 조작기 (7세~11세)
  - 구체적인 대상, 행동, 경험에 대한 논리적 사고가 가능하다. 수, 양, 길이, 면적, 무게의 순으로 보존개념이 성취된다.
- 형식적 조작기 (11세~)
  - 논리적인 추론을 하고, 자유 정의 사랑과 같은 추상적인 원리와 이상을 이해할 수 있게 되는 시기이다.

피아제의 인지발달 이론에 의하면 지능이나 사회환경에 따라 연령 차이가 있을 수 있지만, 발달의 순서는 일관적이라고 말한다.

우리가 주목할 것은 바로 구체적 조작기의 시기이다. 구체적 조작기에는, 구체적인 대상, 행동, 경험에 대한 논리적 사고가 가능하다. 바로 이 시기가 과학적인 한글을 접하기에 아주 좋은 시기인 것이다. 두뇌발달의 측면에서는 언어, 기억, 학습과 사회적 관계에 관여하는 측두엽과 수학학습에 관여하는 두정엽이 6세부터 본격적으로 발달하게 된다. 어느 정도의 차이는 있겠지만, 결론적으로 우리나라의 아이 연령을 고려해 볼 때 일반적으로는 5세~7세가 한글을 배우기 가장 좋은 나이다. 구체적으로는 5세보다는 6세가, 6세보다는 7세가 같은 것을 배워도 더 빨리 이해하기 때문에 학습시간이 단축되니 조급함을 가질 이유가 없다.

물론, 그 전의 나이라도 아이가 천재성을 보인다면, 당연히 그에 합당한 교육환경을 만들어주어야 할 것이다.

필자의 경우 첫째 아이, 둘째 아이 모두 6세에 한글 교육을 시작했다. 내가 가르치는 학생들의 경우 전혀 한글을 모르는 상태에서 6세 후반쯤 시작하는 것이 가장 효과가 좋았다.

02

통문자의 환상을 버려라

강사 시절, 초등학교 5학년 아이를 가르칠 때였다. 도통 실력이 늘지 않아 어머님과 상담하던 중이었다.

"우리 아이가 3살 때 한글을 다 떼서, 천재인 줄 알았어요…."

보통의 지능을 가진 아이에게, 3살 때부터 한글 지도하기 위해 그 어머니는 얼마나 많은 수고와 노력을 했을까. 낱말을 이미지화해서 익히다 보니, 어느 정도의 단어를 익혔다고 한글을 완벽하게 뗐다고 착각을 한 것이다.

몇 해 전 한 학부모가 찾아왔다.

"한글 학습지를 2년 했는데, 전혀 읽을 줄을 몰라요."

나는 설마 그렇게 못할까 믿기지 않았다. 기본 자음 모음 그리고 단어 몇 개 정도는 읽을 수 있지 않을까 싶어, 테스트를 해 보았다. 정말 전혀, 하나도 몰랐다. 처음부터 시작해야 했다. 이런 경우는 안 하는 것이 나았을 것이다. 글자에 색깔이나 그림을 입혀 이미지화하는 방식으로 글자 스티커만 열심히 붙였을 것이다.

통문자에서 절식으로 자연스럽게 터득해서 다음 단계를 저절로 깨치게 되어 한글을 알게 되는 아이가 있는가 하면, 통문자를 하다가 이제 자음 모음을 구분하여 가르치면 아예 받아들이지를 못하고 읽기 부진을 겪게 된다. 그것이 바로 학습지의 부작용이다. 많은 전문가는 통문자로 한글을 학습해야 한다고 주장하고 있다. 하지만, 이는 세종대왕의 한글 창제원리를 제대로 이해하지 못한 학습법이다.

미국의 역사학자 레드야드는 다음과 같이 예찬하고 있다.

"한글의 가장 특이하고 흥미로운 요소는 시각적인 모양과 시각적인 기능 사이에 치밀한 대응이 나타나 있는 점이다. 닿소리 글자와 모양은 홀소리 글자의 모양과 아예 유형이 다를 뿐만 아니라 이 두 갈래 안에서조차 세종 낱글자의 모양을 통해서 또 다른 중요한 여러 관계가 드러나도록 했다."

한글은 적은 글자로도 거의 모든 소리를 표현할 수 있고, 누구나 배우기 쉽도록 체계적으로 만들어졌기 때문에 세계의 학자들은 한글이 가장 과학적이고 합리적인 문자라고 말한다. 우리 한글은 아주 과학적으로 만들어졌다. 소리의 특성이 문자에 그대로 입혀진다.

그런 한글의 과학적인 원리를 무시하고, 통문자로 한글을 가르치는 것은 시간 낭비다. 한글은 외국 사람도 10시간만 가르쳐주면 기본자

모음결합 단어는 다 읽는다.

'통문자에 대한 환상을 버려라.'

.

03

엄마, 한글 전문가가 되어라

' 언어는 세계를 열어가는 통로이며 인식수단이다 '

- 철학자, 홈볼트

철학자 홈볼트는 언어는 세계를 열어가는 통로이며 인식수단이라고 했다. 한 사회를 구성하는 사람들이 서로 상호 간에 소통하고 이해하는 수단이 바로 언어이다. 따라서 아이가 한글을 읽는다는 것은 이 사회의 한 구성원으로 다시 태어나 아이가 새로운 세상을 받아들이는 중요한 의미가 있다. 그러므로 때가 되면 알아서 하겠지라는 안일한 생각으로 아이에게 아무런 환경을 제공하지 않는다면, 생각보다 한글 읽기와 독서가 복병이 될 수 있다.

한 교실에 한글을 아는 아이와 모르는 아이가 같이 앉아 있다고 생각해보자. 이 두 아이는 겉으로는 똑같이 예쁘고 사랑스러운 어린아이들이지만 한 아이는 사회적인 생명을 갖기 위한 준비를 마친 아이이고, 한 아이는 아직 제한된 세상만 볼 수 있는 아이다. 아이들의 교육은 교과서를 기반으로 이루어진다. 한글을 안다면 사물함에서 또는 가방에서 '안전한 생활' 교과서를 꺼낼 수 있고 '배움 노트'를 꺼낼 수 있다.

칠판에 적힌 글자를 읽을 줄 아는 아이와 모르는 아이는 동시에 어떤 생각을 가지게 될까? 초등학교에서 한글을 제외한 다른 과목들은 실제로 한글을 모른다면 아무것도 할 수 없는 활동이 많다. 심지어 수학에서도 큰 수를 고르라는 건지, 작은 수를 고르라는 것인지를 모르면 글을 모르는 아이가 할 수 있는 것은 대충 짐작으로 그림만 보고 동그라미를 치거나 숫자를 적는 것밖에 할 수가 없다. 배움을 시작하는 나이의 아이들이 겨우 한 글자씩 더듬더듬 읽는 수준이 아니라, 글을 읽으면서 이해하는 수준까지 되어야 한다. 그래야 좀 더 넓은 세상을 받아들일 수 있다.

한글을 시킬 나이가 되면, 제일 먼저 사교육을 찾는 현실이다. 사교육 먼저 찾아서 의지하기보다는 우선은, 엄마가 먼저 전문가가 되어야 한다. 그렇다고 전문적인 교육자처럼 한글 교육 방법을 배워서 직업을 바꾸라는 것이 아니다. 한글에 대한 조금의 관심만 있어도 좋다. 나는 외국에서 외국인들에게 한국어를 가르친 경험이 있다. 외국인들에게 한국어를 가르치기 위해서는 다양한 지식과 경험이 필요했다. 하지만 정작 내 아이를 가르칠 때는 그렇게 많은 지식이 필요하지 않았다. 필요한 건, 나의 관심과 아이의 내적 동기였다.

외적동기란 외부의 요인으로 행동을 하게 되는 것이고, 내적 동기는 그 반대이다. 저절로 엄마랑 공부하고 싶은 마음이다. 아이의 성향에 따라 다르겠지만, 때때로 긍정적인 보상이 따라준다면, 일반적으로는 무리 없이 한글을 잘 배울 수 있다.

몇 해 전만 해도, 한글에 대한 정보를 찾아보면, 많지 않았다. 혹시나 엄마표 한글을 찾아보면, 죄다 통문자 놀이 학습에 치우쳐 놀이인지 공부인지 도통 알 수 없는 정보들만 가득했다. 이것저것 따라 하다가 금세 지치고, 아이와 씨름하다가 결국은 포기하고 마는 사람들이 많다. 나는 우리 아이들의 한글은 꼭 내가 직접 떼어주고 싶었다. 그래서 직접 부딪혀 보는 수밖에 없었다. 지금은 그래도 한글 관련한 교재들도 많고, 온라인에도 정보가 많이 있다. 하지만 그렇다고 그런 정보에만 의지하면, 정작 내 아이와 맞지 않는 방식으로 한글을 지도하게 되므로, 오히려 독이 될 수 있다.

앞서 설명한, 한글 창제의 원리에 대해 이해한다면, 누구든 쉽게 한글 전문가가 될 수 있다. 구체적인 지도방법은 뒤편에서 좀 더 자세히 소개하겠다.

04
학교에 가서 시작하면 안 되는 이유

2017년은 2015 개정 교육과정이 적용되는 첫해였다. 교육부는 선행교육을 막는다는 이유로 그 해부터 초등학생 한글 교육을 학교가 책임진다며, 한글 교육을 강화했다. 초등학교 1~2학년에 걸쳐 전체적으로 60차시 분량으로 한글 수업시간이 기존에 비해 33차시가 더 늘어나게끔 편성이 되었다. 그래서, 한시름 놓고 있던 사람들도 많았다. 어차피 학교에 가서 할 것을 뭐하러 지금부터 시키냐는 이유로 그냥 손 놓고 있었다. 물론 학교에 가서 시작해도 무리 없이 한글을 떼는 아이들도 있다. 학교에서 한글을 시작했더라도 아이가 한글을 몰라서 힘들고 답답한 건 한순간이지 어느 정도 시기가 지나면 수준이 다 똑같아진다고 주장하는 사람들도 있다. 하지만 과연 그럴까? 마음 놓고 있다가, 학습의 적기를 놓쳐서 막상 한글 학습에 어려움을 겪는 경우가 많다.

처음 초등학교에 입학하게 되면, 기역 니은부터 배운다. 하지만 수학은 아이들이 이해하기 어려운 문장이 나온다. 한글은 기역, 니은을 배우고 있는데, 수학 교과서는 문제를 읽고 이해해야 풀 수 있는 문제다. 한글을 모르는 아이들은 그림만 보고 이해해야 하기 때문에 어떻게 해야 할지를 모른다.

예를 들어 두 수중에 큰 수를 골라야 하는지, 작은 수를 골라야 하는지, 1만큼 큰 수를 적으라는 것인지, 작은 수를 적으라는 것인지, 문제를 읽어야만 알 수 있기 때문이다.

그림만 보고 적당한 곳에 동그라미를 쳐 놓거나 아예 겁을 먹고 아무것도 못 하는 아이들도 있다.

수학책뿐만이 아니라 모든 교과서가, 한글을 모르는 아이에게는 외계어가 쓰여있는 것처럼 난해하고 어렵고 혼란스러울 것이다. 단순히 한글을 모른다고 해도 그런 어려움을 가볍게 넘길 수 있는 아이들도 있지만, 아예 학습에 흥미를 잃어버리는 경우도 있다. 무엇이든 어려우면 하기 싫어지는 것이 당연지사다. 안타깝게도 1학년 내내 한글을 배우지만, 한글을 알아야 더 잘 받아들일 수 있는 좋은 교육과정은 무용지물이 되어버린다.

어느 날 철민이 할머님이 나를 급하게 찾아오셨다. 철민이는 1학년이었고 그때는 11월이었다. 1학년이 다 끝나가는 시점이었다. 철민이 누나는 학교에 가서 알아서 한글을 떼서, 철민이도 그냥 준비 학습 없이 보냈고 언젠가는 잘하겠지 해서 그냥 두었는데, 아직도 한글을 모른다는 것이었다. 테스트를 해 보니, 전혀 읽지 못했다. 덧셈 뺄셈을 시켜보니, 계산능력은 정상이었다. 학교에 입학해서 1년이면, 한글을 다 떼고도 남았을 것이다. 하지만, 현실은 그렇지 못했다. 그 아이를 지도해보니, 일단 발음에 문제가 있었다. 한글은 음가를 익히고 그대로 적용되는 것이기 때문에, 소리를 통해 문자가 되는 과정을 익혀야 한다. 그동안은 연필을 잡고 무조건 쓰기만 계속했을 것이다. 그러니 발음도 정확하지 않은 친구가 한글을 제대로 읽는다는 것은 어려운 일이었을 것이다.

철민이는 ㄱㄴㄷ조차 몰랐다. 언제는 기억을 니은이라고 하고, 니은을 기역 이라고 했다가, '아'를 '어'라고 하고 '어'를 '아'라고 하는 식이었다. 처음부터 다시 모음의 음소를 구별하고 모양의 차이, 소리의 차이를 비교해 보며 꾸준히 학습을 시켰다. 무조건 진도를 나가는 것이 중요한 것이 아니라, 이런 친구들은 학습이 어느 정도 진행되면, 다시 앞부분에서 배운 것을 복습하면서, 꾸준하게 다양한 활동을 시켰다. 그리고 3개월 만에 어느 정도 읽고 쓸 수 있게 되었다. 가족과 선생님의 꾸준한 관심으로 철민이도 한글에 관심을 끌게 되었고 점점 잘하는 모습을 보여주게 된 것이다.

동네에서 우연히 만날 때면, 철민이 할머님은 나에게 고맙다고 몇 번이나 인사를 하셨다.

가민이라는 아이도 마찬가지로, 1학년 끝 무렵, 한글을 못 읽어 나에게 찾아왔다. 이 친구 역시 다른 능력은 정상이었다. 하지만, 마찬가지로 전혀 음소 구분을 할 줄 몰랐다. 통문자로 몇몇 단어를 알긴 했지만, 같은 글자가 들어간 다른 단어는 읽지 못했다. 전에는 어떻게 공부했냐고 물어보니, 입학 전에는 다과목으로 학습지 선생님이 오셔서, 가르쳐주셨고, 학교에 가서는 학교에 전적으로 일임하셨다고 한다. 집에서는 전혀 공부를 시키지 않다가, 1학년 끝 무렵에서야, 한글이 안 된다는 것을 알고 나를 찾아온 것이다. 가민이 같은 친구는 통문자에서 자모음 절식으로 넘어가는 사이에 선생님의 세심한 지도가 필요했지만, 학교에서는 전체를 대상으로 수업을 하다 보니, 미처 얌전하고 있는 듯 없는 듯한 성격의 가민이가 한글을 배울 수 없었던 거 같다. 가민이를 만났을 때, 나의 미묘한 억양에도 주눅이 들고, 자신감이 무척 떨어진 상태였다. 1년 동안 그렇게 학교생활을 했을 생각을 하니, 안쓰러운 마음이 깊은 곳에서 밀려왔다.

만약 가민이가 6세부터 제대로 한글을 배웠다면, 그렇게 많은 시간 동안 고통받지 않았을 것이다. 한글학습을 학교 갈 때까지 미루기에는 한글을 앎으로써 얻는 혜택이 정말 크다. 정확히 쓰지는 못하더라도 한글을 자신 있게 읽을 줄 알면 길을 가다가 광고문, 안내문을 읽을 수도 있고, 편의점이나 문구점에서, 물건을 살 때도 설명을 읽고 맛에 대한 정보를 얻고 살 수 있다.

물론, 특별히 가르치지 않았는데, 자연스럽게 한글을 떼는 똘똘한 아이도 있다. 하지만, 내 아이가 철민이나 가민이처럼 되지 말라는 법이 있을까. 철민이, 가민이는 지극히 정상적인 지능의 아이들이었다. 나는 지난 17년간 아이들을 지도해 오면서, 한글을 모르는 수많은 초등학생을 만나왔다. 절대 주변의 말만 듣고, 아무 준비 학습도 시키지 않은 채 학교에 보내지 않도록 해야 한다. 공부의 적기를 놓쳐 수년 동안 읽기 부진으로 고통받는 아이들이 많다.

05
엄마가 가장 훌륭한 선생님

엄마가 직접 한번 가르쳐 보라고 하면, 대부분 손사래를 치며 내 자식은 내가 못 가르친다며 강하게 거부한다. 가르치다 보면 너무 답답해서 자꾸 화를 내게 된다는 것이다. 혹시 화를 내는 것이 아니라 욱하는 것이 아닐까? 이런 부모들은 대부분, 공부를 가르칠 때만 화를 내는 것이 아니라, 평소에도 자주 욱하는 부모일 수 있다.

"나라에서는 상위 레벨의 가치에 두는 법이 있다. 의학적 진단에도 상위 레벨이 있다. 아이를 키울 때도 상위 레벨이 있다. 아이에게 절대 욱해서는 안 된다. 이것이 육아의 가장 상위 레벨의 가치다. 아무리 시간과 돈, 체력을 들여서 최선을 다해도, 부모가 자주 욱하면 그 모든 것이 의미가 없다. 좋은 것을 먹여 주고 보여주는 것보다, 욱하지 않는 것이 아이에게는 백배 더 유익하다."
못 참는 아이 욱하는 부모 中

오은영 박사는 〈못 참는 아이 욱하는 부모〉에서 아이를 기다린다는 것은 참아주는 것이 아니다. 기다려주는 것이 아니다. 당연히 기다려야만 하는 것이다. 라고 이야기한다. 내 자식에게 무조건 화부터 낼 것이 아니라, 내가 화를 내지 않고, 기다려주는 과정에서 사랑이 싹트고, 애착이 형성되고, 아이가 바르게 성장한다. 한글을 가르칠 때 뿐만이 아니라, 육아라는 큰 틀을 놓고 볼 때 전반적인 상황에서 툭하면 혼내는 부모인지 점검이 필요하다. 내 자식을 가르친다고, 혼내면서 가르치는 것은 차라리 안 가르치는 것이 낫다. 그러나 아이에게 좋은 영향을 주는 부모가 되고 싶다면, 참고 기다려야 하는 것은 당연한 것이다.

아이와 공부할 때 아이를 가르친다기보다는 함께 공부한다는 생각을 가지자. 집안일이 바쁘고 찾아보면 할 일이 너무 많은 엄마지만, 내 아이를 위한 시간을 자신이 내지 않으면 누가 내겠는가. 때로는 엄마가 때로는 아빠가 같이 협력하면서 아이와 공부하는 시간을 즐겨야 한다. 아마 대부분은 처음부터 그렇게 하기는 쉽지 않을 것이다. 내 아이가 지금 공부를 시작해도 좋은 것인지, 부모님과 공부하는 것을 즐거워하는지, 알아볼 시간이 필요하다.

엄마표 한글이 좋은 이유는 무엇보다, 내 아이와 함께 많은 시간을 보낼 수 있다는 것이다. 내 아이에 대하여 가장 잘 아는 사람은 다른 누구도 아닌, 바로 엄마다. 세상에 단 하나밖에 없는 내 아이만을 위한 맞춤의 교육이다. 내 아이가 어떤 성격인지, 무엇에 관심이 있는지, 어떤 것에 집중하는지 가장 잘 아는 사람인 것이다. 상황이 여의치 않다면, 좋은 선생님을 찾는 것이 좋겠지만, 이 세상에 어떤 그 누구보다 엄마가 가장 좋은 선생님이라고 확신한다.

06
최소한의 비용으로 최대의 효과

요즘 국어, 수학 학습지만 하더라도 종류가 천차만별, 이것저것 시키다 보면 한 달에 15-20만원이 학습지비용으로 나간다. 일반 학원에서 하는 사교육을 시키려면 정말 중고등학생 못지않은 사교육비가 든다.

시중에서 판매되는 한글 프로그램은 18개월부터 시작하도록 되어 있다. 게다가 과목도 한글, 국어, 독서, 연산, 사고력 수학, 교과 수학 등등 너무 많아서 다 세지도 못할 지경이다. 고작 일주일에 10분, 결국은 다 엄마 숙제다. 하지만 비용은 비용대로 나가고, 효과도 별로 보지 못한다. 하지만 서점에서 책 몇 권만 사는 것만으로도 충분히 엄마가 가르칠 수 있다.

07

칼 비테 교육법이라는 책에서 칼 비테는 세 살과 네 살 사이에 아들에게 직접 철자를 가르친다. 아버지는 철자모형으로 온 정성과 많은 시간을 들여 힘들게 읽기를 배우게 했다. 그 과정이 결코 만만치 않았을 것이다. 하지만 인쇄된 철자로 본격적인 공부를 시작하자, 많은 혼란을 겪게 된다. 일찍 시작한 읽기 공부가 오히려 책에 대한 흥미를 떨어뜨렸다. 오히려 처음부터 읽기를 가르치지 말아야 했다고 후회하기도 한다. 그리고 이내 재미있는 보조수단으로 그 과정을 극복해 간다. 나는 그 부분에서 무릎을 '탁' 쳤다. 아이들이 한글을 익힌 바로 다음에는 반드시 쉬운 글자로 이루어진, 재미있는 책을 같이 읽는 것이 중요하기 때문이다.

세 네살 이라고 하면 외국에서는 만 나이를 쓰니까, 우리나라 나이로 네 살과 다섯 살 사이라고 이해하면 될 것이다. 인터넷에 있는 정보들도 무분별하게 만 나이 인지, 연 나이인지가 혼란스럽게 표기되어있다. 우리나라 나이로는 5세부터가 한글을 익힐 수 있는 가장 적합한 시기이다. 하지만, 같은 5세라 하더라도 발달의 개인차가 있다. 같은 5세여도 아직 연필도 잡기 힘든 아직 아기 같은 아이가 있는가 하면, 발육이 좋아 7살처럼 보이고, 말도 행동도 빠른 아이도 있다. 5세지만 아직 소근육발달이 안 된 아이는 무리해서 한글을 가르치면 안 된다. 그것은 고문과도 같다. 그래서 부모의 빠른 판단이 중요하다.

아이가 5세 전후라면 슬슬 한글을 공부할 준비를 시키되, 신체적으로 준비된 것이 맞는지 내 아이만의 적기를 발견할 수 있도록 해야 한다.

나의 경우 첫째 아이 같은 경우는 한국 나이로 6살이 되던 해 말부터 한글을 가르쳤다. 우리 아이는 발육상태는 좋았지만, 말이 늦게 트여서, 5세에도 말을 더듬었다. 걱정이 되는 마음에 어린이집 선생님께 치료를 받아야 하는 것인지 상담을 하기도 하고 소아과에서 검진을 받을 때도 의사 선생님에게 괜찮은 것인지 물어보기도 했다. 다행히 6세가 넘어 7세가 될 때쯤 되니 말을 더듬지 않고 잘할 수 있었다. 주변에서는 벌써 한글을 떼고 일기를 쓰는 친구도 있었다. 조급한 마음이 들었지만 참고 기다렸다.

다행히 하루에 15분 정도씩만 두 달 정도 하니 웬만한 것은 다 읽고 썼다. 중요한 것은 맞춤법을 너무나 강조하지 않는 것이다. 틀리게 썼더라도 크게 의미를 부여하지 않았다. 일단 소리 나는 대로 쓸 수 있다면, 정확한 맞춤법은 학교에서 국어 시간에 초등 6년 동안 배우면 된다. 부모가 국어 선생님이 될 필요는 없는 것이다. 참 신기하고 과학적인 우리 한글은 조금만 알려줘도 다음 것을 바로 익힐 수 있도록 체계적으로 만들어졌다. 정말 세종대왕님께 감사한다. 만약 우리 아이의 적기를 놓쳤다면 자칫 학습에 혼란을 가져왔을 것이다.

반면 둘째는 첫째 아이와는 한글을 떼는 방식이 완전히 달랐다. 둘째 아이는 평소에 잠자리에 들기 전, 아빠가 책 읽어주는 것을 아주 좋아했다. 세 살부터는 꼭 잠들기 전 그림책을 읽어주었다. 6살이 되자마자 자음 모음 표를 벽에 붙여놓고 자음 모음을 일주일 정도 알려주었고, 읽는 연습을 한 지 한 달 만에 거의 읽었다. 그리고 친구들과 같이 한글 공부를 시작했다. 한글을 일찍 알게 되니, 초등학교에 들어가기 전 2년 동안 둘째는 스스로 많은 것을 배웠다. 여전히 책을 읽어주는 것을 좋아해서 책을 읽는 것은 강요하지는 않았지만, 책을 읽다 보면 자기가 읽고 싶어 할 때를 놓치지 않고 기회를 주었다. 그리고 일상생활에 필요한 많은 것을 그리고 쓰며, 표현했다. 한글을 일찍 알게 되면서 아이가 습득한 지식의 양이 대단했다.

여섯 살, 여덟 살, 열 살까지,
즉 3650일간 하루 열 시간씩 3만 6500시간에
아이가 배우는 양이 얼마나 엄청나겠는가.
아이와 매번 대화하거나 뭔가를 가르친다면 말이다.
알아채지 못한 생각의 양과 명징성은 전혀 측정할 수 없고
말로 표현된 적은 더더구나 없다.
어떻게 시작하는지 알고 실제로 시작한다면 평범한 아이를
특출한 존재로 교육할 수 있다는 내 확신이 바로 여기에 기초한다.
– 칼비테 교육법 중

08
방임인가 자유인가

우리나라에서는 대부분, 저학년의 경우 특별히 학습보다는 방과후나 학원을 이용해 예체능을 많이 시킨다. 사실 상상하기 어렵겠지만 학교 가기 전까지는 학습에 관해서는 아무것도 안 시키는 가정도 있다. 아이들과 놀아 준다든지, 견학을 시켜준다든지 하는 어떤 대안이 없이, 그냥 아이를 버려둔다. 동네 아이들과 어울려 다니며, 해가 져야 집에 들어가는 아이들을 많이 봤다. 우리 아이가 어렸을 때 놀이터에 데리고 나가면 고학년으로 보이는 아이들이 놀이터에서 아주 위험하게 놀곤 했다. 상당히 높은 그네 꼭대기까지 올라가 놀기도 하고, 위험해 보이는 나뭇가지를 꺾어 칼싸움처럼 놀이를 했다. 심지어 놀이터 한쪽은 아이들이 먹고 버린 과자봉지, 라면 용기가 뒹굴어 다니기도 했다.

어린아이의 엄마였던 나는 가슴이 철렁해서 여러 번 가슴을 쓸어내린 적이 많았다. 그런 아이들 중에는 싸움에 휘말려 다치기도 하는 위험한 상황에 놓이기도 한다. 너무 일찍 밖으로 돌아다니는데 맛을 들인 아이들은, 친구들과 어울려 노는 것에 빠져 집에 있는 것을 못 견뎌 한다. 가만히 앉아 있지를 못한다.

민섭이란 아이의 어머님이 민섭이가 그동안 너무 놀기만 한 것 같다며, 초등학교 2학년 중반에 나를 찾아오셨다. 하지만 공부를 시작한지 일주일도 안 되어 민섭이는 그만두었다. 아니, 아예 만날 수가 없었다. 밖에서 동네 형들과 어울려 놀기를 좋아했던 민섭이는 책상에 앉아 있는 것을 무척 고통스러워했다. 1년 후 다시 찾아왔지만 마찬가지였다. 결국, 민섭이 어머님은 학습을 포기하셨다. 그 후로도 민섭이와 비슷한 아이들이 몇 명 찾아왔지만, 대부분 학습을 얼마 하지 못하고, 다시 밖에서 온 동네를 평정하고 다녔다. 아이들은 뛰어놀아야 한다. 하지만 밖에서 부모의 통제 없이 하루종일 노는 맛을 들인다면, 다시 학습 습관을 잡기가 쉽지 않다. 결정적 시기를 놓친 후에는 바로잡기가 완전히 불가능하진 않다. 하지만 매우 많은 시간과 노력이 들어간다.

블룸(bloom)은 지능발달의 결정적 시기를 강조하였다. 지능은 4세 이전에 급격한 발달을 보이며 8세 이후는 비교적 안정을 유지한다고 주장하였다. 어릴 때의 문화적 결손이 성장 후의 결손보다 지능발달에 훨씬 큰 영향을 미친다는 것이다. 지능발달에는 결정적인 시기가 있다. 두뇌발달의 관점에서도 5세부터 7세까지 뇌가 폭발적으로 발달하는 시기이다. 그런 시기에 외부자극과의 상호작용을 통해 지능이 발달한다. 외부자극과의 상호작용을 통해 지능이 발달하기 때문에 다양한 활동을 통해 지적 자극을 주어야 한다.

특별히 어떤 자극을 주지 않아도 스스로 잘하는 아이도 분명 있을 것이다. 물론 그런 아이들은 한 번도 본 적은 없다. 어떤 아이가 학습에 흥미가 없다는 것은 원래 그런 것이 아니고 단지 그런 지능발달의 결정적인 시기를 놓친 아이들이다. 부모가 맞벌이를 해야 해서 어쩔수 없다면, 최소한 기본적인 학습을 할 수 있도록 관리를 해야 한다. 교재를 정해서 하루나 일주일 분량을 약속하고 확인만 해 주어도 좋다. 또 학원에 보내더라도 학원에만 맡겨놓지 말고 꼭 어떻게 학습을 하고 있는지, 학교에서 공부하는 것을 잘 이해하며 따라가는지 확인해야 한다.

엄마표 한글이 좋은 이유는 무엇보다,
내 아이와 함께 많은 시간을 보낼 수 있다는 것이다.
내 아이에 대하여 가장 잘 아는 사람은 다른 누구도 아닌,
바로 엄마다.

우 리 아 이

완 벽 한

읽 기 독 립

2부

한글 공부 어떻게 할까

01
한글 공부하기 전 준비할 것

　본격적으로 한글을 공부하기 전에 아이에게 꼭 해 주어야 할 것이 있다. 바로 소근육발달이다. 한글을 공부하면서 연필을 잡고 쓰는 활동을 하려면 소근육이 발달 되어있어야 가능하다. 손을 이용해 물건을 꽉 쥐어보고 마음대로 만져보면서 손의 작은 근육의 힘을 키우는 것은 꼭 한글을 배우는 데만이 아닌 다른 모든 발달의 기본이 된다.

　아이의 소근육을 발달시키려면 생활 가운데 아이가 하는 것을 일일이 도와주지 말고 아이가 스스로 무엇이든 스스로 할 수 있는 독립적인 힘을 길러주어야 한다. 소근육을 발달시키려면 아이가 혼자 충분히 할 수 있는 활동을 대신 해 주어서는 안 된다. 요즘은 아이가 할 수 있는 것도 부모가 대신해 주는 경향이 심하다. 식당에서 우연히 우리 아이와 같은 또래의 아이가 밥먹는 모습을 보게 되었다. 그 엄마는 아이가 '엄마, 나 물'이라고 말하자, 바로 물을 떠다 주었다. 엄마는 한참 동안 밥이 입으로 들어가는지 코로 들어가는지 모를정도로 식사를 제대로 못 했다. 요즘 귀하지 않은 아이가 없겠지만, 정수기에서 혼자 물을 받아먹을 수는 있다. 어려운 일이 아니다. 어렸을 때부터 어떻게 했을지 충분히 짐작이 갔다. 소근육뿐 아니라 스스로 독립적으로 행동하는 것을 좋아할 초등학교 1학년이 언제까지 엄마의 도움을 받을 수는 없다. 숟가락을 잡고 밥을 먹고, 화장실을 가서 옷을 입고, 색연필을 잡고 그림을 그리는 것 등 손을 이용한 아주 기본적인 활동은 독립성을 키워준다.

다 큰아이들도 밥을 먹여 주거나, 물을 가져다준다거나 모든 것을 엄마가 다 해 주는 경우가 많다. 스스로 할 수 있는 행동을 엄마가 해 주는 것이 당연한 것이 되어버리면, 소근육발달은 물론 독립성이 지체된다.

소근육을 키워줄 수 있는 다양한 활동

01 그림 그리기

일상생활에서 소근육을 키우기 위해 스스로 하는 연습을 시켰다면, 다양한 놀이를 통해 소근육을 키울 수 있도록 해야 한다. 예를 들면 그림을 그릴 때 다양한 재료를 이용해 그림을 그리도록 한다. 크레파스나 색연필, 물감으로 그림을 그릴 수 있게 해 준다. 물감은 손에 힘을 주는 정도에 따라 색감이 다르기 때문에 소근육의 힘을 키우는 데 좋다.

02 블록 놀이

블록을 이용해 블록을 끼우고 쌓는 활동은 양손을 다 사용하게 된다. 양손을 많이 사용하게 되면 소근육뿐 아니라 두뇌발달에 도움이 된다.

크고 작은 여러 형태의 블록 놀이로 여러 가지 모양을 만들고 부수면서 아이가 원하는 대로 마음껏 놀 기회를 주는 것이 좋다. 이때 부모가 할 일은 크고 작은 많은 블록을 아이에게 많이 제공하는 것이지, 어려운 모양을 만들고 똑같이 만들어보라고 하는 억지교육은 금물이다.

03 퍼즐 놀이

아이들이 크면서 한 번 정도는 퍼즐에 푹 빠지는 때가 있다. 처음에는 큰 조각으로 시작해서 점점 작은 조각으로 퍼즐 수를 늘려간다. 그림을 퍼즐 형태로 잘라서 맞춰보는 놀이도 좋다. 피스수도 10부터 1000까지 다양하다. 처음에는 작은 피스부터 시작해서 재미있어한다면 아이가 점점 커갈수록 피스수를 늘려준다. 초등학교 2, 3학년 이상의 아이들은 300부터 시작해서 1000까지 도전 할 수 있다. 퍼즐을 하면서 집중력이 놀랍게 향상된다. 성취감과 자신감은 덤이다.

04 종이접기 놀이

5, 6세 정도 되면 아이들이 종이접기 놀이를 좋아한다. 먼저 반 접기, 대각선 접기 등 쉬운 것부터 시작해서 여러 가지 색깔의 색종이로 다양한 모양을 만들어본다.

이 외에도 찰흙을 가지고 논다거나, 어린이 가위로 종이 자르기 놀이, 촉감 그림책 놀이 등 아이들이 손으로 할 수 있는 모든 놀이는 소근육발달에 좋다. 아이가 흥미를 가질 수 있는 환경을 만들어주면 아이는 자극을 받고 스스로 해내고 싶어 하는 의지를 갖게 된다.

02

감성이 풍부해지는 동시 동요놀이

- 동시 활용 예

반짝반짝 작은 별 아름답게 비치네

서쪽 하늘에서도 동쪽 하늘에서도

반짝반짝 작은 별 아름답게 비치네

- 수박파티

커다란 수박 하나 잘 익었나 통통통

단숨에 쪼개니 속이 보이네

몇 번 더 쪼갠 후엔 너도나도 대고서

우리 모두 하모니카 신나게 불어요

쭉쭉쭉쭉쭉 쓱쓱쓱쓱

싹싹싹싹싹 쭉쭉 싹싹싹

- 시계는 똑딱똑딱

시계는 아침부터 똑딱 똑딱

시계는 아침부터 똑딱 똑딱

언제나 같은 소리 똑딱 똑딱

쉬지 않고 가지요

동시는 어린이가 이해할 수 있는 말로 어린이의 감정을 담아 쓴 것이다. 아름답기도 하고 재미있기도 한 동요와 동시는 아이의 한글습득과 정서발달에 큰 도움이 된다. 어린이의 입장에서 보고, 듣고, 느낀 것을 풍부하게 표현한 것이기에 의성어와 의태어가 풍부해 쉽게 받아들이고 처음 학습할 때 같이 읽고 노래 해 보면 한글학습에 아주 좋다.

요즘은 유튜브에 재미있는 동요가 아주 많다. 하지만 유튜브로 보는 것보다는 cd플레이어 같은 오디오로 재생해서 들려주는 것이 좋다. 유튜브로 동요를 한참 보다가 다시 연관되는 다른 영상으로 넘어갈 가능성이 많기 때문이다. 엄마가 동요를 불러주면 아이들은 엄마와 유대감이 높아지고 동요를 통해 감성이 풍부한 아이로 자라게 된다.

또 작은 보드 칠판에 동시를 적어놓고 아이와 같이 읽거나 큰 종이에 동시를 적어서 벽에 붙여놓는다. 그러면 아이는 노랫말을 보면서 글자의 생김새에 대해 관찰하고 익숙해진 쉬운 단어는 따라서 그려보기도 한다. 엄마가 읽어주면 아이들은 글자와 소리가 대응한다는 것을 본능적으로 알고, 똑같이 외워서 읽기도 한다.

한글을 배우기 전의 아이들은 친구의 이름을 똑같이 따라서 써놓기도 하는데, 문자를 이미지로 인식 하기때문에 자음이 뒤집히거나 위치가 바뀌어 있기도 한다. 그때 아이들은 아직 배우는 단계가 아니므로 굳이 고쳐주지 않아도 된다. 아이가 관심을 가지고 자주 보이는 단어를 칠판에 적어놓는다면 잘했다고 칭찬을 아끼지 말아야 한다. 그렇게 시작하면 된다.

03

무조건 쉽고, 재미있게!

"놀이가 최선의 교육방법이다."

– 아리스토텔레스

한글을 처음 가르치려고 하는 부모님들의 이야기를 들어보면, 제 자식 가르치기가 너무 힘들다고 한다. 처음에 너무 의욕이 앞서면 자 칫 아이가 한글에 대한 부담을 가질 수 있다.

또 한글을 가르칠 때 처음부터 주입식으로 아이들을 가르치면, 금 방 흥미를 잃게 된다. 무조건 쉽고, 재미있게 가르쳐야 한다.

영유아 시기는 시각, 청각, 언어, 감정, 운동, 논리수학 등의 발달이 한꺼번에 이루어지고, 생후 36개월경 뇌의 시냅스 수가 최고에 이른 다. 따라서 뇌과학자들은 '영유아기에는 뇌를 고루 자극하기 위해서라 도 아이를 많이 놀게 해야 한다.'라고 강조한다.

특히 초등 입학 전까지 깊이 있는 사고, 계획 세우기, 주의 집중하 기, 의사 결정 및 문제 해결 등의 고차원적인 정신 활동이 이루어지는

'전전두엽'이 발달하는데, 이 전전두엽은 새로운 과제를 수행할 때 크게 자극을 받는다. 따라서 이 시기에는 생각하고, 실험하고, 시행착오도 겪어보고, 실패도 해 보고, 이를 통해 문제를 해결해보는 경험을 많이 쌓아야 하는데, 이 모든 활동의 종합선물세트가 '놀이'다.

영유아기는 우뇌가, 초등학교 입학 이후에는 좌뇌가 주로 발달하는데, 우뇌와 좌뇌가 골고루 발달할 수 있도록 하기 위해서는 반드시 놀이를 통해 교육하는 것이 중요하다.

아이가 놀이를 즐기는 과정속에서 자연스럽게 '학습'이 될 수 있다.

시중에 찾아보면 자음 모음 교구가 많다. 자석이나, 원목으로 된 것, 종이로 된 것, 종류도 다양하다. 처음엔 주입식으로 하려고 하기보다는, 다양한 감각을 활용해 충분히 만질 기회를 준다. 맘껏 어질러 보는 것도 좋다. 굳이 비싼 교구를 사지 않아도 된다. 상자나 나무 블록에 자모음을 써서 보여주는 것도 좋다. 아이가 흥미를 가질 수 있도록 다양한 방법으로 자료를 제시하는 것이 좋다. 이때 아이가 무엇을 만들든, 어떻게 가지고 놀든 부모는 간섭하지 않고, 기다려준다. 충분한 놀이 시간을 줌으로써 자연스럽게 학습되도록 하는 것이 중요하다.

유아기의 아이들을 억지로 책상에 앉히는 것은 불가능하다. 하지만, 놀이를 이용한다면 아이들은 부담 없이 학습에 참여하고, 놀이를 하다가 학습하게 되는 과정으로 자연스럽게 진행된다.

"놀이"라는 종합 선물세트를 잘 활용하자.

04
조급해하지 않는 엄마

학습지로 2년을 공부했어도 한글을 모르던 수빈이라는 학생이 있었다. 수빈이는 학습지로 어릴 때부터 꽤 오래 공부했지만, 단 몇 개의 낱말도 아는 게 없었다. 통문자로 학습한 것이었다. 그래도 통문자로 오래 공부했다면, 적어도 100-200단어 정도는 읽을 줄 알아야 하는데 전혀 아는 게 없었다. 한글 진단 테스트가 불가능했다. 아이가 한글학습을 좋아하고 선생님이 집에 오셔서 공부하는 것이 싫지 않다면 학습지로도 한글 공부를 할 수 있다. 하지만 학습지를 하든 뭘 하든, 선생님에게만 맡겨놓고 부모가 확인하지 않는다면, 시간과 돈을 낭비하는 꼴이 된다.

수빈이는 자음 모음부터 다시 모든 걸 처음 배우듯 공부했다. 자음 모음을 깨치고 나니 자모음 조합법으로 한 달 정도 만에 기본 글자를 읽는 것이 가능해졌다. 처음에는 예상보다 빠른 속도에 나도 부모님도 놀라움을 금치 못했다. 수빈이도 처음과는 달리 자신감이 생기니 아주 즐겁게 공부했다. 그런데 한글을 배운지 두 달쯤 되자 수빈이 어머님에게 전화가 왔다. 수빈이가 한글을 다 뗀 줄 알았는데 아직도 읽을 줄을 모른다는 볼멘소리가 들려왔다. ㄱㄴ도 모르던 아이가 한글을 읽는 다고 기뻐하던 게 불과 한 달 전인데, 무슨 일인가 자세히 이야기를 들어보니, 책 한 권을 다 읽어보라고 한 것이었다. 아이가 더듬더듬 엉터리로 읽으니 화가 나서 나에게 전화를 한 것이었다.

수빈이 부모님뿐 아니라 많은 부모님이 기본낱글자 정도는 다 읽게 되면 쉬운 책은 저절로 술술 읽을 수 있을 것이라고 생각한다. 처음 한글을 뗐다는 기쁨도 잠시 잊어버리고, 아이가 못 읽는 글자에만 매달려 이렇게 쉬운 걸 왜 못 읽냐며 혼내기까지 한다. 부모의 조급함은 아이가 잘하는 것보다 못하는 것에 초점이 맞춰져 있다. 하지만 못하는 것을 혼내거나 윽박지르게 되면 아이는 더 주눅 들어 더 못 하게 된다.

아이가 어느 정도 글을 익혔더라도 바로 술술 읽지는 못한다. 문장을 읽을 때 어려운 조사나 생소한 단어에 부딪히면 아이는 당황하고 더 못 읽는 것이다. 더구나 충분한 한글 경험의 시간이 지나야 하는데 그 기간은 아이마다 다르다. 아이마다 환경이 다르고 학습량이 다르기 때문이다.

처음에는 쉬운 문장부터 시작해서 책에 나오는 다양한 문장을 읽으려면 충분한 연습과 시간이 필요하다.

1번. 과자를 사러 마트에 가요.
2번. 엄마랑 과자를 사러 마트에 가요.
3번. 엄마랑 과자를 사러 마트에 갔는데 우연히 친구를 만났어요.

1번 문장을 겨우 읽는 아이에게 동화책에 나오는 3번 문장은 더듬더듬 읽을 수밖에 없다.

처음 기본자모음을 뗀 직후에는 〈과자 사러 가요〉 같은 쉬운 문장을 연습하고 읽을 수 있도록 노출 시켜준다. 자주 보는 곳에 보드판을 붙여놓고 자기가 읽을 수 있는 말을 읽는 연습을 반복적으로 하다보면 자신감이 생기고 공부하고 싶은 내적 동기가 생기게 된다. 너무 조급해하지 말고 충분히 기다려주는 것이 중요하다. 긍정적인 피드백을 준다면, 아이는 어느 순간 술술 읽게 될 것이다.

05

책 육아의 좋은 점

"책을 읽어주면 아이들이 한글을 더 빨리 뗄까?"
"독서도 잘하게 될까?"

그렇다. 책을 많이 읽어주면, 아이들은 한글을 더 빨리 쉽게 뗀다. 문자 해독에 걸리는 시간도 단축된다. 부모와 책을 읽는 시간은, 자녀들과 부모가 상호작용하는 시간이고 아이의 자존감을 높여주는 시간이다. 긍정적인 자아존중감을 갖게 되는 것이다. 그러므로 부모와의 상호작용하는 시간은 아이의 학습능력에 지대한 영향을 미친다.

이오덕 선생님의 〈글쓰기, 이 좋은 공부〉라는 책에 보면 한 연구가 소개되어있다. 가정에서의 읽기, 쓰기 활동이 아동의 언어 발달에 끼치는 영향을 연구한 모니크세네샬은, 공식적인 읽기 활동과 비공식적인 읽기 활동이 학교 입학 후 어떤 영향을 미치는지 장기적으로 연구했다.

모니크세네샬은 아이들을 다음과 같이 네 집단으로 나누었다.

A. 많이 가르치기-많이 읽어주기 집단
B. 많이 가르치기-적게 읽어주기 집단
C. 적게 가르치기-많이 읽어주기 집단
D. 적게 가르치기-적게 읽어주기 집단

A 집단의 경우 유치원부터 초등학교까지 지속적으로 높은 읽기 유창성과 독해력을 보인다.

D 집단의 경우 낮은 읽기 유창성과 낮은 독해력을 보인다.

B 집단과 C 집단의 경우는 초등학교 1학년 시기에는 B집단의 학습능력이 높았지만, 4학년이 되면 C집단이 독해력이 높아져 평균수준이 되었다. 부모와 책을 많이 읽은 아이는 시간의 차이일 뿐, 결국은 독해력이 높아지게 된다.

즉 많이 읽어준 아이는 많이 가르침을 받은 아이를 추월해 독해력이 높아졌다. 한글을 떼는 시기에 한글만 떼어주고 만다면 의미가 없다. 한글을 떼기 전후에 읽기 활동이 병행되어야 한다.

많은 부모님이 처음에 물어보시는 질문이 있다.

"한글 얼마 만에 떼어주나요?"

한글에 대한 조급한 마음으로 전화를 주시는 부모님들이다.

그 질문에 대한 나의 솔직한 대답은 사실 나도 모른다. 당신의 아이가 어떤 아이인지 모르기 때문이다. 보통은 1~3개월 안에 그야말로 문자를 뗀다. 체계적인 한글조합법의 원리가 뛰어나기 때문에 그렇다. 하지만, 내 아이가 보통의 지능을 가지고 있더라도, 환경에 따라 그 아이가 가진 능력은 달라진다. 예를 들면 스마트폰, TV에 많이 노출된 아이들의 경우 집중하는 능력, 타인과 상호작용하는 능력이 매우 떨어진다.

또 다른 경우는 음가 학습을 하는 데 있어 언어에 문제가 있는 경우 언어치료가 선행되어야 하므로 발음중심지도법을 적용하기는 매우 힘들다. 언어치료를 병행하면서 한글을 가르친다면 효과가 있을 것이다. 언어장애나 ADHD 진단을 받은 아이들도 심심치 않게 있었다. 그래도 꾸준한 한글학습을 하면 대개는 6개월~1년 정도 걸렸다.

많이 읽어주면, 언젠가는 혼자 읽으려 한다. 요즘 같은 디지털 시대에, 텔레비전과 스마트폰 컴퓨터 등의 중독성 있는 매체를 접하지 않는 가정은 거의 없을 것이다. 그런 유혹들 가운데 책 읽어주기의 시간을 가지기란 어쩌면 바쁜 시대를 사는 부모에게 힘든 일일 수 있다. 하지만 아이들에게 해 줄 수 있는 가장 큰 선물은 비싼 장난감을 사주고 비싼 게임을 사주는 것이 아니라, 바로 읽기 능력을 선물하는 것이다.

그것은 부모의 도움 없이는 불가능하다. 가정에서의 "책 읽어주기"는 우리 집의 가장 중요한 시간으로 빼놓자. 저녁을 먹고 난 후라든지, 잠자기 전이라든지 꼭 의식적으로 상기하고 실천하는 것이 중요하다. 스스로 하는 아이들은 극히 일부에 불과하다. 독서습관을 만들어주는 것은 전적으로 부모에게 달려있다.

06
왼손잡이인가 오른손잡이인가?

子能食食, 敎以右手
자식이 밥을 혼자서 먹을 수 있게 되면, 오른손을 쓰도록 가르친다.

– 《예기》내칙(內則)

　오늘날에는 왼손잡이에 대한 인식이 많이 달라졌지만, 과거에는 왼손잡이에 대한 부정적인 인식이 강했다. 그래서 간혹 부모님들이나 교사들이 왼손잡이를 억지로 교정하려고 하는 경우가 있다. 우리가 살아가는 사회에 거의 모든 시스템이 오른손잡이에 맞춰져 있기 때문에 왼손잡이가 겪을 불편을 생각해서 교정하려고 하는 것이다. 하지만, 억지로 교정하는 경우, 아이가 연필 자체를 잡는 것을 싫어할 수 있고, 쓰기 활동을 매우 참기 어려워하는 학습에 대한 트라우마가 생길 수 있기 때문에 절대 금물이다.

　왼손잡이가 유전인지 환경인지는 아직도 딱히 정확한 이유를 발견하지 못하고 있다. 왼손잡이가 더 머리가 좋다는 믿음도 우리 사회 전반에 깔려 있는 모양새다. 혹은 양손을 쓰면 두뇌발달에 더 좋다는 이야기도 있다. 최근에는 딱히 어느 쪽의 손을 쓰는 것이 두뇌와 큰 연관이 없다는 연구결과도 있었다.

우선 내 아이가 왼손잡이인지를 알아보는 방법은 본능적으로 어떤 행위를 하는 순간, 위급한 순간에 어떤 손을 쓰는가를 보면 알 수 있다. 우리 아이가 처음 과자를 집는 순간, 밥을 먹는 일상, 무심코 그림을 그리는 순간 등을 지나치지 말고 혹시 왼손잡이 인지를 잘 파악해야 한다.

만약 왼손잡이라면, 글씨를 쓸 때 방향이 다르므로 글씨가 번지지 않도록 종이를 기울여 쓴다거나 줄을 그을 때는 오른쪽에서부터 그을 수 있도록 연습을 시켜준다. 반드시 억지로 오른손으로 쓰도록 교정하려고 하지 말자.

07

한글의 원리(통문자/낱글자)

01 **자음의 원리**

한글자음은 발음기관의 모양을 본떠 만들어진 상형문자이다.

자음은 '닿소리'라고도 하는데, 닿소리란 목구멍에서 공기가 나올 때
그 공기가 발음기관에 닿으면서 만들어진 소리다. 발음하는 모양을 본떠
만든 기본자가 바로 'ㄱ, ㄴ, ㅁ, ㅅ, ㅇ' 다섯 자이다. 어금닛소리 'ㄱ'은
혀뿌리가 목구멍을 막는 모양, 혓소리 'ㄴ'은 혀가 윗잇몸에 닿는 모양,
입술소리 'ㅁ'은 입의 모양, 잇소리 'ㅅ'은 이의 모양, 목소리 'ㅇ'은 목구
멍의 모양을 본떴다.

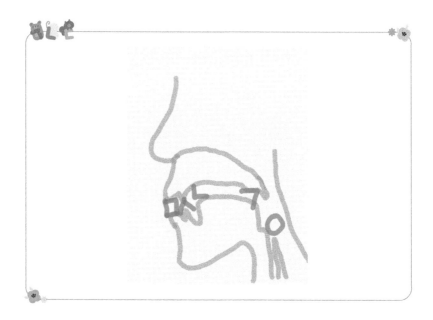

이렇게 닿소리는 말소리를 내는 발음기관과 그 발음작용을 정확히 관찰하고 분석하여 만든 문자이다.

02 가획의 원리

한글 자음은 기본 글자 5자를 바탕으로 소리의 세기에 따라 소리를 낼 때 좀 더 거세어지는 특징이 있고, 기본자에 획을 더하는 방식으로 만들어졌다.

	상형	1획 가획	2획 가획
어금닛소리	ㄱ	ㅋ	
혓소리	ㄴ	ㄷ	ㅌ
입술소리	ㅁ	ㅂ	ㅍ
잇소리	ㅅ	ㅈ	ㅊ
목구멍소리	ㅇ		ㅎ

글자 운용방식: 초성자 두 글자 또는 세글자를 가로로 나란히 써서 만드는 병서의 원리를 적용한다.

03 모음 제자 원리

모음은 '홀소리'라고도 하는데, 홀소리란 목구멍에서 공기가 나올 때 발음기관에 닿지 않고 홀로 나는 소리라는 뜻이다. 모음의 기본자는 '하늘(•), 땅(ㅡ), 사람(ㅣ)'의 모양을 본떴다.

	상형	1획가획	2획가획
모음	ᆞ	ㅗ, ㅏ	ㅛ, ㅑ
	ㅣ		
	ㅡ	ㅜ, ㅓ	ㅠ, ㅕ

이처럼 한글의 자음과 모음이 매우 체계적으로 만들어졌기 때문에 한글을 가르치고 배우는 방법이 매우 과학적이고 효과적임을 알 수 있다. 자음 19개 모음 21개 이 40개의 낱자로 표현할 수 있는 소리는 3192개이고, 이 소리로 무궁무진한 낱말을 만든다.(약 40만개)

한글을 지도하다 보면, 한글을 배운 지 얼마 되지도 않은 아이에게 맞춤법을 모른다며 크게 걱정을 하는 부모님을 심심치 않게 봤다. 맞춤법을 틀리는 현상은 어른에게서도 많이 나타나는 현상이다. 하물며 한글을 배운 지 얼마 되지 않은 아이들이 맞춤법을 완벽하게 깨우친다는 것은 불가능하다. 한글 맞춤법 학습에 큰 비중을 두고 받아쓰기를 너무 과하게 시키는 것은 사설 교육기관에서도 만연한 행태다.

경인교육대학교 최영환 교수는 문자와 소리가 일치하는 범주 안에서의 학습이 한글학습이라고 정의했다. 즉 문자와 소리가 일치하는 것을 다루는 것이 바로 한글학습이고, 소리와 문자의 불일치에서 일어나는 맞춤법학습은 그 범위가 매우 넓고 복잡하기 때문에 평생을 학습해도 모자라므로 한글학습의 범주에 들어가지 않는다는 것이다.

한글의 닿소리와 홀소리가 각각 어떤 소리에 대응하는지 알고 음절을 생성하는 원리를 깨달으면 한글공부는 매우 쉽다. 한글을 가르치는 선생님들조차도 한글의 원리를 모른 채 현장에서 지도하는 경우가 많다. 원리를 알면 한글을 금방 깨우칠 수 있다. 이렇게 쉽게 끝날 것을, 통문자로 적지 않은 노력을 들여 가르치는 것은, 통문자로 배울 수 있는 단어의 한계가 있고 시간과 노력이 매우 많이 들어가기 때문에 비효율적이다.

통문자 학습법은 문자를 통으로 그림처럼 이해시키는 것이다. 예를 들어 '우유'라는 글자를 통으로 배우면, 이미지로 인식하기 때문에 '우유'라고 인지한다. 하지만, 우유를 읽을 수 있어도 '우산'이라는 글자를 배우지 않았다면 우산을 읽지 못한다. '가수'는 읽어도 '가방'은 못 읽는다. 혹시 통문자를 읽는 것이 한글학습에 조금이라도 도움이 되지 않겠느냐고 생각할 수도 있지만, 나는 통문자로 1년~2년을 배운 친구들이 오히려 한글을 전혀 배우지 않은 친구들보다 자모음 절식에서 더 큰 어려움을 겪는 것을 많이 보았다. 통문자로 인식해 오던 한글을 자모음 절식으로 바꿔 가르칠 때, 잘 받아들이는 아이도 있지만, 잘 못 받아들이는 친구들이 더 많았다.

08

 시중에는 한글교재가 제법 많다. 그 중 효과적이고 도움이 될 만한 교재 몇 가지를 소개하겠다.

 아래 교재들 중 하나 또는 두세 종류를 구입하여, 매일 15분씩 꾸준히 학습할 수 있도록 한다면 쉽게 한글을 가르칠 수 있다. 단, 교재마다 특징이 다르고, 장단점이 있기 때문에, 한 권의 교재로는 불충분할 수 있어 부가적인 학습자료가 필요할 수 있다.

01 기적의 한글학습 – 길벗스쿨

- 1권 순서

  1단계 – 기본 모음 '아' ('ㅏ, ㅑ, ㅓ, ㅕ, ㅗ, ㅛ, ㅜ, ㅠ, ㅡ, ㅣ)

  2단계 – 기본 자음 'ㄱ' (가, 갸, 거, 겨...)

  3단계 – 기본 자음 'ㄴ' (나, 냐, 너, 녀...)

  4단계 – 기본 자음 'ㄷ' (다, 댜, 더, 뎌...)

  5단계 – 기본 자음 'ㄹ' (라, 랴, 러, 려...)

  6단계 – 기본 자음 'ㅁ' (마, 먀, 머, 며...)

  7단계 – 기본 자음 'ㅂ' (바, 뱌, 버, 벼...)

- 특징

  기본 모음 10자부터 배우는 것이 특징이다. 한글 창제원리에 가장 가깝게 집에서도 지도하도록 구성되어있다. 전체 5권으로 되어있다.

02 한글 12주 세트 - 삼성출판사

- 특징

자모음 절식으로 배우게 되어있는 워크북이다. 세 권 세트로 묶여있다.

03 한글 떼기 - 기탄출판

- 특징

1 과정부터 10 과정까지 하루에 한 장씩 공부하도록 되어있다. 큰 사이즈의 학습지 묶음으로 아이가 부담 없이 공부할 수 있다.

04 한글이야호 - ebs미디어

- 특징

유아들의 흥미와 이해 수준을 반영한 재미있는 이야기, 말놀이 송, 노래 와 율동, 글자 놀이 등 다채롭게 구성되어있다.

05 뚝딱 3개월에 한글 떼기-이지교육

- 특징

55개월 이상의 어린이에게 권장하며, 어린이 스스로 한글 공부를 할 수 있도록 동영상으로도 만들어져 있으므로 동영상과 함께 공부한다면 더 쉽고 빠르게 공부할 수 있다.

이지 교육에서는 이지 한글 조합기를 무료로 제공한다. 컴퓨터나 핸드폰으로 자음과 모음의 조합 활동을 할 수 있다. 아이들이 직접 자음 모음을 입력해 보게 하면 더욱 재미있는 활동을 할 수 있다.

09

한글 떼기 단계

처음 한글을 어떻게 떼어줘야 할지 막막한 시절이 있었다. 인터넷에서 자료를 뒤져보면, 우리 아이는 이렇게 한글을 떼었다고 명확하게 말해 주는 사람도 없었고, 이것저것 엄마표 한글이라는 다양한 방법들이 나왔지만, 순서가 명확하지 않아서 혼란스럽기만 했다. 하지만, 먼저 한글의 원리를 알고, 어떻게 한글을 뗄 수 있는지, 순서를 안다면, 전체적으로 가정에서 한글을 가르치려는 부모님이나 한글을 가르치는 선생님에게 큰 도움이 될 것이다.

그래서 완벽한 한글 떼기의 전체적인 큰 틀인 4단계를 소개하고자 한다.

1단계 **탐색하는 단계/놀이단계**

먼저 한글을 탐색하는 놀이단계이다. 처음부터 연필을 잡고 종이에 쓰라고 강요를 하면 아이들의 흥미가 떨어진다. 처음에는 놀이로 접근해야 한다. 아이들에게는 관심과 흥미가 중요하다. 아이들이 동화책에 있는 글자를 따라 읽으려고 한다거나, 길거리 간판을 보며 무슨 글자인지 궁금해한다면 이때가 바로 한글을 시작할 적기이다. 글자에 관심을 가지기 시작했다면, 충분히 탐색하고 놀이할 수 있는 시간을 주어야 한다. 빠른 아이들은 친한 친구의 이름을 기억했다가 그림처럼 따라 그리기도 하는데, 이때 좌우나 위아래를 바꿔쓰기도 한다.

2단계 **양육자 또는 선생님과 상호작용/교육단계**

부모 또는 선생님과 상호작용을 통해 한글의 원리를 배우는 단계이다. 이때 본격적으로 자음 모음의 이름을 알고 음가에 따라 조합하여 읽는 연습을 하게 된다. 이때 얼마나 즐겁게 부모님과 또는 선생님과 상호작용하느냐에 따라, 한글을 떼는 속도가 달라진다. 하루 15분 정도씩 하면 빠르면 2주 만에 기본문자를 읽는다. 이때 주변에서는 자모음의 음가를 익히며 충분히 연습할 수 있도록 한글 교구 등의 재료를 준비해주는 것이 중요하다. 아이에게 맞는 교재를 찾아 같이 겸한다면 더욱 금상첨화이다.

3단계 **스스로 경험하는 단계**

아이들은 배운 글자를 읽을 수 있게 되면서, 점점 확장시키며 빠른 속도로 배우지 않고, 잘 모르는 단어, 문장까지 읽게 된다. 통문자로는 절대 있을 수 없는 체계적이고 우수한 한글의 기적을 경험하게 되는 단계이다. 이제 생활 속에서 발견되는 글자들을 혼자서 읽어보고 질문하며 자기가 읽은 것이 맞는지 주변 사람에게 확인하며 완벽한 경험을 하게 된다. 이 단계는 아주 자연스럽게 이루어진다. 하고 싶은 말을 혼자 써보기도 하면서 차곡차곡 한글 경험을 쌓아가면서 그야말로 술술 한글을 읽게 된다.

4단계 읽고, 통하는 단계

한글을 떼었다는 것은 한글을 읽을 수 있다는 의미이다. 읽을 수 있는 것과 의미를 아는 것은 다르다. 한글을 떼었다는 것이 모든 문장을 이해한다는 뜻은 아니다. 그래서 이 단계에서는 단순한 읽기가 아닌, 언어로서의 읽기 교육이 병행되는 단계이다. 이제 풍부한 상상력을 길러주는 그림책, 동화책 등을 스스로 읽으면서 글자가 어떻게 언어와 대응되는지 알게 된다. 또한, 생활 속 글쓰기에 재미를 붙이는 시기이므로 주변 사람들에게 편지쓰기 등을 통해 글자로 소통하는 기회를 많이 주는 것이 좋다. 자녀에게 하고 싶은 말을 포스트잇에 써서 잘 보이는 곳에 붙여놓는 것도 좋다.

한글떼기 4단계

탐색 → 상호작용 → 경험 → 읽기

우 리 아 이
완 벽 한
읽 기 독 립

3부

한글
지도방법
실제

01

자음/모음학습(명칭 바르게 알기)

순서는 모음이 글자 수가 적으므로 모음부터 가르친다.

01 한글 자음 명칭

대부분의 한글교재에는 기역이라고 나와 있지만, 원래는 '기윽'이었다. 윽에 해당하는 한자가 없어, 남한에서는 기역이라고 하지만, 북한은 우리말대로 기윽이라고 배운다. 일단은 규칙대로 정확한 명칭을 기억하고 가르치도록 해야 한다. 간혹 선생님들의 경우에도 명칭을 다르게 말하여 혼란스럽다.

한글은 음가 학습이므로 정확한 명칭부터 연습해야 한다.

ㄱ	기역	ㅇ	이응
ㄴ	니은	ㅈ	지읒
ㄷ	디귿	ㅊ	치읓
ㄹ	리을	ㅋ	키읔
ㅁ	미음	ㅌ	티읕
ㅂ	비읍	ㅍ	피읖
ㅅ	시옷	ㅎ	히읗

자음 지도 순서는 무조건 순서대로 가르치는 것보다 한글 창제원리에 따라 가획의 순서로 가르치는 것이 좋다.

ㄱㄴㄷ순서대로 모든 자음을 가르치지 말고, ㄱ을 배우면 ㅋ을 ㄴ을 배우면 ㄷ을, ㄷ을 배우면 ㅌ을 가르치는 것이다.

	상형	1획가획	2획가획
어금닛소리	ㄱ	ㅋ	
혓소리	ㄴ	ㄷ	ㅌ
입술소리	ㅁ	ㅂ	ㅍ
잇소리	ㅅ	ㅈ	ㅊ
목구멍소리	ㅇ		ㅎ

02 가획의 원리

처음에는 기본 자음인 ㄱ,ㄴ,ㅁ,ㅅ,ㅇ을 가르치고 획이 추가되는 자음을 가르친다. 기본 자음을 배우고 소리의 세기에 따라 획이 추가되는 원리이므로 ㄱ보다 ㅋ을 더 크고 세게 발음하며 가르친다.

상형자 - 가획자- 이체자의 순서로 가르치면 더 빠르게 자음을 습득할 수 있다. 이때 너무 강압적으로 가르치려고 하지 말고 즐겁게 교구를 가지고 글자를 탐색할 수 있는 시간을 가질 수 있도록 한다.

ㄱ에서 ㅋ을 가르칠 때 획이 추가되면서, 더 센소리가 난다는 것을 확실히 구분할 수 있도록 한다. 주의할 점은 ㄱ을 가르치면서 어려운 단어를 제시하지 않도록 한다. 예를 들면 아직 가 밖에 안 배웠는데, 가방이나 가위 같은 단어를 가르쳐서 혼란을 주지 말아야 한다. 모음을 먼저 배웠다면, 아가, 요가를 읽을 수 있다.

• 재미있는 자음 놀이

준비물: 자음 철자, 모양, 주머니, 자음 카드

1. 주머니에 자음 모양 하나를 넣는다.
2. 주머니에 담긴 모양과 똑같은 모양이 그려진 카드와 다른 카드를 나열한다.
3. 주머니 속 물건을 만져서 어떤 모양인지 알아낸다.
4. 그 모양과 같은 카드를 찾아낸다.

우뇌와 좌뇌를 동시에 발달시키는 활동을 통해 재미있게 문자를 익힌다.

03 모음지도

　　모음은 모음만으로도 음절이 되기 때문에, 모음부터 배우면 훨씬 쉽게 한글을 뗄 수 있다. '아야어여오요우유으이'를 배우고 ㄱ을 하나를 배우면 한 번에 '가갸거겨고교구규그기'를 학습할 수 있다. 한번에 10개씩 증식되는 것이다. 기본 자음 14개에 쌍자음 5개까지 더하면 190개의 음절을 쉽게 떼게 된다. 받침 7개를 더 배우면, 기본적으로 1330개의 음절을 습득하게 되는 것이다. 모음만으로 이루어진 단어들도 읽을 수 있게 되면서, 단어를 쉽게 받아들인다.

　　모음자를 가르치는 순서는 한 번에 순서대로 가르치는 방법이 있고, 기본 모음 ㅏ, ㅓ, ㅗ, ㅜ, ㅡ, ㅣ 단모음부터 가르친 후 이중모음을 가르치는 방법이 있다.

　　너무 어려워한다면, 단모음부터 조금씩 제시해서, 모음 10개를 완벽하게 알도록 가르쳐야 한다.

　　이때 가능한 많은 시청각 자료를 준비하는 것이 중요하다.

● **모음 재미있게 배우기**
준비물: 스케치북, 한글 도장
1. 한글 도장을 스케치북에 마음대로 찍어보게 하고 모양을 관찰한다.
2. 엄마가 도장을 먼저 찍고 따라 찍는다
3. 모양을 보고 이름을 맞춘다.

02
자음모음결합합습

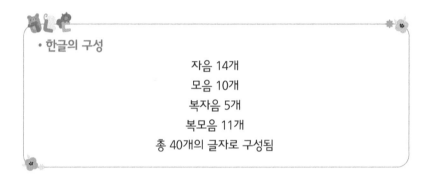

• 한글의 구성

자음 14개
모음 10개
복자음 5개
복모음 11개
총 40개의 글자로 구성됨

　　한글 지도법에는 크게 의미중심지도법(통문자)과 발음중심(자모음절식)지도법이 있다. 통문자 학습법은 글자를 통째로 배우도록 지도하는 접근법이다. 앞서 말한 대로, 세종실록에 보면 한글은 누구나 열흘만에 깨칠 수 있는 쉬운 글자이다. 원리가 있는 체계적인 우수한 글자이기 때문이다. 그러므로 이 책에서는 발음중심 지도법을 자세히 소개하도록 하겠다. 발음중심 교수법은 자모 글자와 소리의 대응 관계를 체계적으로 지도하는 방법이다. 발음중심 지도법에서는 자음과 모음 글자의 모양과 이름, 그리고 음가를 아는 것이 낱말 읽기와 철자 능력 발달에서 가장 중요한 요인이다.

첫 번째, 음절식 방법: 모음 순서대로 결합하여 공부한다.

아야어여오요우유으이

가갸거겨고교구규그기

나냐너녀노뇨누뉴느니

다댜더뎌도됴두듀드디

라랴러려로료루류르리

마먀머며모묘무뮤므미

바뱌버벼보뵤부뷰브비

사샤서셔소쇼수슈스시

자쟈저져조죠주쥬즈지

차챠처쳐초쵸추츄츠치

카캬커켜코쿄쿠큐크키

타탸터텨토툐투튜트티

파퍄퍼펴포표푸퓨프피

하햐허혀호효후휴흐히

모음 먼저 배우고, 자음과 모음을 합하여 발음하며 읽는 방법이다. '아'랑 ㄱ이 만나면 '가'가 되고 '야'랑 ㄴ이 만나서 '냐'가 되는 조합의 원리이다. 대부분 이 방법 만으로도 한글을 깨우친다. 단점은 소리만 외우고 글자를 식별하지 못하는 경우가 있다. 특히 통문자로 오랫동안 공부를 했던 아이들은 글자의 음운규칙을 터득하는데 매우 오랜 시간이 걸렸다. 단어를 음절 단위로 나눌 수 있어야 하는데 한글은 소리글자이기 때문에 글자가 사물의 이미지가 아니라 사람의 말소리에 대응되는 음가 학습이기 때문이다. 이 과정에서 통문자를 1년, 2년 배웠다 하더라도 혼란만 가중되는 경우가 훨씬 많았다.

두 번째, 자음의 바탕소리를 'ㅡ'로 바꿔서 발음하면서 지도하는 방법

	ㅏ	ㅓ	ㅗ	ㅜ
ㄱ	그+아=가	그+어=거	그+오=고	그+우=구
ㄴ	느+아=나	느+어=너	느+오=노	느+우=누
ㄷ	드+아=다	드+어=더	드+오=도	드+우=두
ㄹ	르+아=라	르+어=러	르+오=로	르+우=루
ㅁ	므+아=마	므+어=머	므+오=모	므+우=무
ㅂ	브+아=바	브+어=버	브+오=보	브+우=부
ㅅ	스+아=사	스+어=서	스+오=소	스+우=수
ㅇ	으+아=아	으+어=어	으+오=오	으+우=우
ㅈ	즈+아=자	즈+어=저	즈+오=조	즈+우=주
ㅊ	츠+아=차	츠+어=처	츠+오=초	츠+우=추
ㅋ	크+아=카	크+어=커	크+오=코	크+우=쿠
ㅌ	트+아=타	트+어=터	트+오=토	트+우=투
ㅍ	프+아=파	프+어=퍼	프+오=포	프+우=푸
ㅎ	흐+아=하	흐+어=허	흐+오=호	흐+우=후

닿소리 자체로는 소리가 날 수 없기 때문에 닿소리를 <u>그느드르~</u> 라고 읽지 않도록 주의하며 지도해야한다. 자칫 이 경우 자음의 명칭을 제대로 기억하지 못하고 소리만 기억할 수 있어 닿소리의 음가를 헷갈릴 수 있다. 닿소리와 홀소리가 만나야 소리가 난다.

닿소리 자체는 홀소리와 닿아야 소리가 나지만, 자음의 첫소리에 'ㅡ'를 대입하여, '<u>그느드르므브스으즈츠크트프흐</u>'를 연습하고, 모음을 합치는 연습을 하면, 매우 빠르게 한글을 습득하게 된다.

세종규칙 한글(장덕진)에서는 자음 모음 결합학습을 할 때 자음의 음가를 정하여 학습하도록 한다. 자음과 모음이 결합할 때 자음에 음가 'ㅡ'를 발음 시작 바탕으로 한다.

$$ㄱ + ㅏ = 그 + 아 = 가$$

$$ㄴ + ㅏ = 느 + 아 = 나$$

$$ㄷ + ㅏ = 드 + 아 = 다$$

$$ㄹ + ㅏ = 르 + 아 = 라$$

이중모음은 발음 바탕을 'ㅣ'로 한다.

$$ㄱ + ㅑ = 기 + 야 = 갸$$

$$ㄴ + ㅑ = 니 + 야 = 냐$$

$$ㄷ + ㅑ = 디 + 야 = 댜$$

$$ㄹ + ㅑ = 리 + 야 = 랴$$

세 번째, 자모식 방법

자음과 모음 형태의 변별 훈련 후 자모의 음가 학습, 자음과 모음이 결합하여 음절을 이루는 문자 구성원리를 학습한다.

‘ㄱ’에 ‘ㅏ’를 더하면 ‘가’가 되고, ‘ㅂ’에 ‘ㅏ’를 더하면 ‘바’가 된다
는 식의 문자 지도방법이다.

한글의 원리를 공부했다면 자음 모음 표를 벽에 붙여놓고 아이와
읽기 연습을 한다. 아이들은 금방 읽는 것에 적응한다.

01 받침 지도

• 대표 받침 배우기

ㄱ, ㄴ, ㄷ, ㄹ, ㅁ, ㅂ, ㅇ

- 받침 학습은 음절식 방법에 ‘가갸거겨고교구규그기’를 지도한 후 여기
에 받침을 붙여 ‘각갹걱격곡곡국귝극긱’을 지도하는 식이다.
- 대표받침 7개를 같은 식으로 배우면 빠르게 받침을 습득한다.

• 받침소리

ㄱ	ㄴ	ㄷ	ㄹ	ㅁ	ㅂ	ㅇ
윽	은	읃	을	음	읍	응

- 대표받침을 먼저 배우고, 나머지 같은 소리의 음운을 제시한다.
- 마찬가지로 자음의 명칭과 소리를 구분하여 가르친다.

가 + 윽 = 각   나 + 윽 = 낙

다 + 윽 = 닥   라 + 윽 = 락

- 가갸거겨… 음절에 받침을 붙여 노래하며 연습하면 더 재미있게 학습할 수 있다.
- 반짝반짝 작은 별 노래에 맞춰 연습한다.

• **나머지 받침**

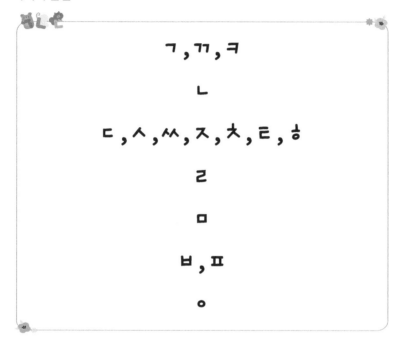

- 초성 중성 종성의 위치를 구분하는 연습을 병행한다.

- 한글 이지조합기나, 나눔 스케치북을 활용한다.

02 이중모음 지도

이중모음은 가획의 원리에 따라 단모음과 단모음의 변화를 구분하여
알려주며 지도한다.

ㅏ	ㅑ	ㅐ	
ㅓ	ㅕ	ㅖ	
ㅗ	ㅘ	ㅙ	ㅛ
ㅜ	ㅝ	ㅞ	ㅠ
ㅡ	ㅢ		

ㅗ + ㅏ = ㅘ
ㅗ + ㅐ = ㅙ
ㅜ + ㅓ = ㅝ
ㅜ + ㅔ = ㅞ
ㅡ + ㅣ = ㅢ

ㅣ + ㅏ = ㅑ
ㅣ + ㅓ = ㅕ
ㅣ + ㅗ = ㅛ
ㅣ + ㅜ = ㅠ
ㅣ + ㅐ = ㅒ
ㅣ + ㅔ = ㅖ

기 + 애 = 걔
니 + 애 = 냬
디 + 애 = 댸

03 된소리(쌍자음)지도

ㄲ , ㄸ , ㅃ , ㅆ , ㅉ

- 된소리를 지도할 때는 자음 하나를 발음할 때 보다, 두 개일 때 입 모양이 옆으로 벌려지며 센소리가 난다는 것을 알려준다. 입 모양을 직접 보여준다.

그-ㄲ

드-ㄸ

브-ㅃ

스-ㅆ

즈-ㅉ

• 세종규칙 한글 프린트 자료(유료)

http://www.hangeulstudy.com/hwp3/sejem.htm

03

나눔 스케치북을 이용한 한글 공부

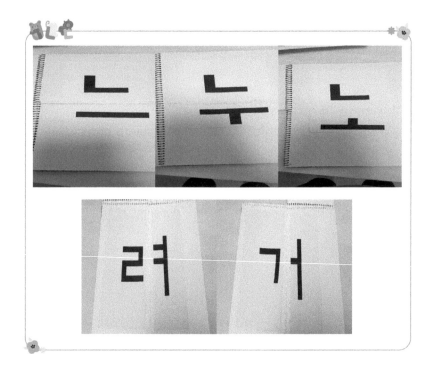

　　스케치북의 스프링 부분을 빼고 가운데 부분을 잘라 자음과 모음 결합학습을 할 수 있다. 자음과 모음을 넘겨가며 연습한다.

세 부분으로 나눈 모습

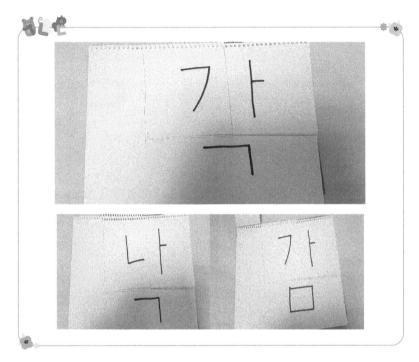

스케치북을 초성, 중성, 종성, 세 부분으로 나누어 스프링 부분을 빼고 자른다. 자음과 모음을 넘겨가며 소리의 변화에 따라 달라지는 글자를 구별하여 학습할 수 있다.

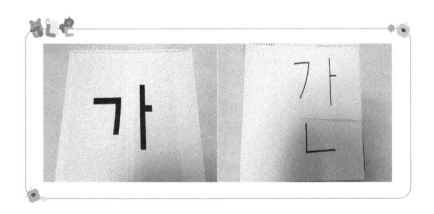

받침 학습 시 간단하게 변화를 관찰할 수 있다.

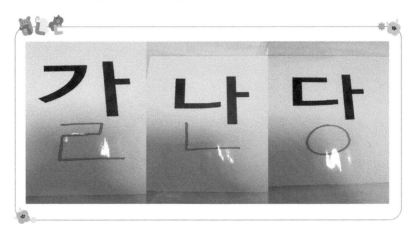

코팅한 글자 밑에 받침을 써가며 발음을 연습한다. (초성, 중성 학습
에도 활용 가능)

04
한글 수업 실제

    한글 수업을 실제로 진행할때는 40분으로 수업을 구성하는 것이 좋다. 아직은 집중력이 많이 떨어지는 것을 감안하여서 지루하지 않게 아이들을 지도할 수 있도록 한다. 아직 앉아 있는 것도 힘들어하기 때문에 물을 마시거나 화장실을 가는 것은 미리 할 수 있도록 시간을 주어야 한다. 그렇게 하지 않으면, 수업 중에 일어나서 돌아다닐 수 있어서 분위기가 흐트러진다. 수업 전 주의를 집중시킬 수 있도록 아이들의 시선을 사로잡는 손유희나 마술을 활용한다. 그리고 바로 지난 시간에 배운 내용을 복습하고, 아직 모르는 것이 있는지 확인하도록 한다. 처음에는 적응하는 것이 힘들겠지만, 점차 아이들은 같은 장소에서 같은 선생님과 만나서 수업이 익숙해지게 된다.

    복습을 하고나서 수업시간에 배울 글자를 탐색할 수 있게 해 준다. 아이들에게 질문을 던지거나 글자 모양을 보여주고 궁금증을 유발하는 놀이를 통해 흥미를 유도한다. 도입의 단계에서 아이들이 재미있게 학습할 수 있도록 해주 기 위해서는 선생님의 조금은 과장된 액션과 수업 능력이 필요하다. 그리고 본격적으로 교재와 선생님의 설명으로 수업을 진행한다. 본격적으로 배우는 단계에서는 조금 진지하고 조용하게 집중할 수 있도록 한다. 그러기 위해서는 아이들의 질문에 일일이 대답을 할 수 없다. 질문에 일일이 대답하다가는 수업시간이 금방 흘러가 버린다. 질문은 허용된 시간에 할 수 있도록 선생님과 아이들이 약속하고 그 약속을 지킬 수 있도록 룰을 만드는 것이 좋다.

그리고 마지막에 오늘 배운 것을 복습할 수 있는 다양한 교구 활동을 하도록 한다. 쌓기 나무로 배운 글자를 만들어본다든지 배운 글자를 색칠할 수 있는 학습지를 미리 제공하면 좋다. 그리고 정리하고 수업을 마무리한다. 처음에는 아이들이 앉아 있는 것도 힘들기 때문에 마침 활동에서 놀이시간의 비율을 많이 하고 점차적으로 본 수업 분량을 늘려나가는 것이 좋다.

실제 수업 플로우

- 복습 (지난 시간에 배운 내용 복습) 10분
- 도입 → 배울 글자 탐색/흥미유도)10분
- 본수업 → 교재10분
- 마침활동 → 다양한 활동(쌓기나무, 큐브, 교구)10분

수업단계별로 10분씩 제시했지만, 그날의 학습난이도에 따라 본수업이 많아지면 다른 시간을 조절하면 된다. 중요한 것은 선생님도 수업 규칙을 정해놓고 다양한 변화를 주면서 진행하되 매일 규칙적으로 수업패턴이 일정하도록 진행해야 아이들의 실력이 형성 된다는 것을 명심하자.

05
동화책 읽기로 읽기 실력 쑥쑥

한글을 읽을 수 있다면, 동화책으로 서서히 읽기 연습을 해 보는 것
이 좋다.

부모님과 같이 동화책을 읽다 보면, 어느 순간 혼자 읽게 되는 순간
이 마침내 온다. 따로 시간 내기가 어렵다면 다 함께 자기 전 침대에
누워 있는 시간을 활용하면 된다. 언제 하느냐보다 얼마나 꾸준히 지
속하느냐가 관건이다.

• 잠자기 전에 들려주면 좋은 동화

* 누가 누가 잠자나-문학동네
* 달님 안녕-한림출판사
* 안아줘-웅진주니어
* 언제까지나 너를 사랑해-북뱅크
* 잠 온다-웅진주니어
* 난 하나도 안 졸려, 잠자기 싫어
　-국민서관
* 낮잠 자는 집-보림
* 아기 쥐가 잠자러 가요-시공 주니어

* 엄마를 잠깐 잃어버렸어요-보림큐비
* 클라라의 환상여행-뜨인돌 어린이
* 그래도 엄마는 너를 사랑한단다
　-베틀북
* 마법 침대-시공 주니어
* 어두운 건 무서운 게 아니야
　-나무상자
* 요 이불 베개에게-한림출판사
* 잠자는 책-풀빛

받침 없는 동화는 받침이 없는 글자만으로 이루어진 동화책이다.
받침을 아직 배우지 않았지만, 한글 자모음을 다 배웠다면, 혼자서도

읽을 수 있도록 쉽고 재미있게 만들어졌다. 꼭 읽어야 하는 것은 아니지만, 한글을 학습하는 중에 스스로 읽을 수 있다는 걸 알게 되면, 성취감을 높여주고, 자신감과 재미는 덤으로 따라오게 된다.

짧은 문장이 반복되는 재미있는 라임이 들어있는 살아있는 그림책, 쉬운 책부터 시작해야 한다.

읽기 연습에 활용할 수 있는 책

받침없는 동화시리즈 - 한규호

받침 없는 동화는 받침이 없는 글자만으로 이루어진 동화책이다. 받침을 아직 배우지 않았지만, 한글 자모음을 다 배웠다면, 혼자서도 읽을 수 있도록 쉽고 재미있게 만들어졌다. 꼭 읽어야 하는 것은 아니지만, 한글을 학습하는 중에 스스로 읽을 수 있다는 걸 알게 되면, 성취감을 높여주고, 자신감과 재미는 덤으로 따라오게 된다.

짧은 문장이 반복되는 재미있는 라임이 들어있는 살아있는 그림책, 쉬운 책부터 시작해야 한다.

한글 해독용 한글 읽기 책 - 창조와 지식

받침을 배우기 시작한 아이들을 위해 만들어진 책이다. 초기 읽기 단계의 아이들이 반복되는 낱말과 간단하고 짧은 문장 수준에서 자주 노출될 수 있도록 만들어졌다. 가장 쉬운 소리 들을 조합하여 한 장에 한 줄씩 읽으면 책 읽기를 부담스럽지 않게 시작할 수 있다.

• 한글 수업 방법
  복습 → 흥미유도 → 본수업 → 마침활동

4부

우리아이
완벽한
읽기독립

01

미국 소아과 학회에서는 2014년 책을 읽어주는 것에 대해 '너무 이르다는 것은 없다. 될수록 빨리하는 것이 좋다'는 연구결과를 내놓았다. 책을 읽어주는 것은 부모가 빨리 시작할수록 좋다는 것이다. 부모가 책을 읽어주는 것이 아이에게 정서적 지능과 발달 지능에 도움이 된다는 것은 말할 필요도 없다. 우리나라같이 전집문화가 발달한 나라에서는 일찍부터 전집을 들여 책을 읽힌다. 그런데, 과연 책만 읽어줘도 한글을 뗄까? 어떤 사람들은 한글은 알아서 배우는데 굳이 가르칠 필요가 없다며, 손사래를 치곤 한다. 책만 읽어줘도 알아서 한글을 뗀다는 것이다.

여기서 중요한 문제는 책을 어떻게 읽어주느냐에 따라 답이 달라진다는 것이다. 부모가 책을 평상시에도 정기적으로 꾸준히 읽어준다면, 아이는 당연히 글자에 관심을 가지게 된다. 그리고 부모가 책을 읽는 과정에서 자음과 모음이 어떻게 결합되는지 짚어주면서, 한글의 원리를 알려준다면, 아이는 자연스럽게 한글을 읽게 된다.

하지만, 책을 꾸준히 읽어주지 않고, 읽었다가 안 읽었다가 하면서, 알아서 혼자 한글을 뗄 수는 없다. 물론 부모가 전혀 신경 쓰지 않았는데, 혼자 한글을 떼는 경우는 극히 드물지만 있긴 하다. 내가 가르친 학생 중 한 명은 휴대폰 어플로 한글을 익혔다. 또 우리 아이의 친구 녀석은 핸드폰 문자 보내기를 하면서, 아주 이른 나이에 한글을 떼었다. 그러나 그것은 글자를 읽을 수 있다는 것이지, 한글이 완성되었다는 것은 아니다. 그것은 시작일 뿐 국어 맞춤법 교육이 병행되어야 제대로 된 한글을 배웠다고 할 수 있다. 처음에는 한글을 읽는 데에 중점을 두고, 다음은 문장을 해석하고, 문법적인 요소까지 두루 갖추도록 교육이 이루어져야 한다.

읽기 독립 과정

1. 읽기
2. 해석
3. 문법(바르게쓰기)

아이가 한글을 배울 준비가 되어있다면 원리만 알면 누구나 쉽게 한글을 뗄 수 있다. 아이가 관심이 있고, 알려고 하는 의지가 강한데, 일부러 한글을 가르치지 않을 이유가 없다.

한글을 떼든 안 떼든, 부모가 책을 읽어주는 것은 여러 가지 면에서 아이에게 도움 될 것이 많다. 책을 읽어주는 것이 자연스러운 현상으로 자리 잡아야지, 책만 읽으면서, 한글을 저절로 떼길 바라진 않아야 한다. 한글을 처음 배워 더듬더듬 읽기 시작할 때는 아이가 글자를 조합하여 읽는 것에만 집중하기 때문에, 당연히 의미를 처음부터 다 이해하진 못한다. 부모가 좋은 그림책, 쉬운 동화책을 선정하여 읽어주면 아이는 다양한 그림을 통해 내용을 상상하고, 글자를 대입하면서, 자연스럽게 글자를 해석하게 된다. 아주 많은 양을 할 필요도 없다. 매일매일 하루 15분 정도만 읽어줘도 충분하다.

그래서 한글 떼기와 책 읽기는 병행되는 것이 가장 좋다. 내가 가르친 학생 중에는 한글을 떼는 데 무척 오래 걸린 친구가 있었다. 초등학교 입학하고 나서 배우기 시작해 10개월 정도가 걸렸다. 읽기는 했지만, 의미를 이해하며 읽지 못해서, 시중에 있는 문제집으로는 공부를 진행할 수 없었다. 한글을 뗀 후로도 한참이 지나서야 이야기를 읽고 제대로 의미를 짚어낼 수 있었다. 부모님은 맞벌이로 바쁘셔서 집에서는 책을 읽을 수가 없는 환경이었다.

한글을 떼고, 짧고 쉬운 동화를 통해 이야기를 이해하고, 본문의 내용을 해석하는 훈련을 통하자 그제야 제대로 된 학습이 가능했다. 만약 이 친구가 책만 많이 읽어줘도 한글을 저절로 뗀다는 그런 말을 들었다면, 아이의 한글 실력이 향상될 수 있었을까? 아마 한글을 떼느라 다른 공부를 하지 못해 손해 보는 것이 많았을 것이다.

02
스마트폰으로 한글학습 해도 될까요?

요즘 대부분의 아이는 스마트폰을 본다. 패드, 티브이 등을 통한 노출까지 합하면, 꽤 많은 시간을 미디어에 노출된 상태라고 볼 수 있다. 다양한 교육콘텐츠도 시대의 흐름에 맞게 미디어로 쉽게 접할 수 있다. 그래서 으레 부모님들은 미디어로 학습하는 것이 쉽고 빠르기 때문에 당연히 좋은 것이 아닌가 생각하기 쉽다. 그러나 문제는 스마트폰으로 인한 부작용을 고려하지 않을 수 없다는 것이다.

한국 정보화 지능원연구에 따르면 만 3세~9세 이하 유아의 스마트폰과 의존 위험군 비율이 2015년 12.4%에서 2017년 19.1%로 증가한 것을 확인할 수 있다. 유아동 스마트폰 이용율은 67.7%로 10명 중 7명이 이미 스마트폰을 사용하고 있다. 스마트폰을 너무 많이 사용하고 있는 것이 문제인 것이다.

보통은 전문적인 어플을 통한 정보 습득이나 학습이 유·아동들에게 더 효과적인 학습의 도구가 될 것으로 생각하기 쉽지만, 스마트폰을 통한 자극은 일방적으로 전달만 될 뿐 쌍방의 상호작용이 아니다. 스크린을 통한 자극은 군데군데 자극적인 요소를 끊임없이 심어놓아 지속적인 흥미를 유도하기 때문에 아이가 스스로 지루한 것을 참는 연습을 할 시간이 줄어든다.

교육콘텐츠는 재미있고 효과적인 것이 많지만, 문제는 교육적인 용도에서만 그치는 것이 아니라 자연스럽게 재미를 찾아 다른 영상으로 빠져들게 된다는 함정이 있다. 어른들도 유튜브를 보다가 유튜브가 이끄는 한 주제의 알고리즘에서 헤어나오지 못하곤 한다. 하물며 아이들이 유튜브를 볼 때는 어떠하겠는가. 학습에 관한 영상을 본다 해도, 다시 흥미로운 영상에 넋을 빼앗긴다.

어린 나이에 미디어 노출이 많은 영유아는 어휘력 및 표현력과 같은 언어능력이 저하되었다. (소아·청소년 정신 보건센터 2015)

인지기능과 직결되어있는 전두엽이 발달하지 않은 아이들에게 과도한 스마트폰 노출은 자기조절능력을 저하시킨다.

• 다음은 미국 소아과 의학회의 스마트폰에 대한 권고사항이다.
- 생후 18개월 이전에는 스마트폰뿐 아니라 티브이 등 스크린 노출을 절대 피한다.
- 생후 18-24개월에는 부모가 골라서 양질의 프로그램만 보게 하고 반드시 부모가 함께 봐야 한다.
- 2-5세에는 스크린 노출 시간을 하루 1시간으로 제한한다.

스마트폰 사용에는 부모가 적극적으로 개입해야 한다고 많은 연구에서 밝히고 있다. 스마트폰 사용시간을 체크하고 그 시간을 넘기지 않도록 통제해야 한다. 무분별하게 태블릿, 티브이 등에 노출되는 것도 금지해야 한다. 부모의 적극적인 개입하에, 미국 소아과 의학회에서 전하는 권고사항에 맞게 미디어 노출 시간을 조절할 수 있다면, 양질의 교육콘텐츠를 이용하는 것도 나쁘지는 않다. 하지만 어디까지나 잠시 잠깐의 도움을 받는 것이지 미디어 학습에만 전적으로 의지하는 것은 절대 옳지 않다. 아무리 좋은 콘텐츠라 해도 미디어 노출에는 절제가 필요함은 두말하면 잔소리다. 스마트폰 영상으로 한글을 학습한 경우 미디어 과다 노출인 경우가 많았다. 미디어 사용시간을 줄이고 부모와 상호작용을 통해서, 부모와 책을 읽고 대화하기를 통해 균형 있게 한글학습을 하는 것이 훨씬 효과적이다.

03

2학년, 한글을 아직 못 뗐다면

　　우리나라에서는 초등학교 3학년, 중학교 1학년이 되면, 전국적으로 기초학력진단평가가 치러진다. 초등학교 3학년생은 읽기 쓰기 셈하기 능력에 더해 교과학습능력을 평가받는다. 초등학교 3학년은 고학년으로 넘어가는 중요한 시기이기 때문에 모든 학생을 대상으로 학습 부진자를 파악해 지도한다. 기초학력 미달 학생이 크게 늘어, 이것을 초등학교 저학년부터 발견하여 집중해서 관리하기 위함이다.

　　2019년 학업 성취도 평가에서 수학의 경우 중학생11.1% 고등학생10.4% 국어는 중고등학생7.7%로 기초학력 미달률이 역대 최대로 높아졌다. 보통수준의 학력을 갖추었다면 교과과정의 50%를 이해하지만, 기초학력 미달 학생은 수업의 20%도 이해하지 못하는 학생을 뜻한다.

　　만약 한글을 2학년 2학기가 다되어가는데도 떼지 못했다면, 기초학력진단평가에서 낭패를 볼 수 있다. 문제 자체를 읽지를 못하기 때문에 다른 능력이 정상이더라도 학습부진아가 되는 것이다. 초등학교에 입학해 1학년을 마쳤다면, 2학년부터는 글을 정확하고 빠르게 읽고 이해하는 수준까지 올라가야 학교에서 교과과정을 듣는 데 무리가 없다. 교과과정에서 요구하는 독해력은 모든 과목에서 수준이 높다.

초등학교에 들어가서 한글 교육이 이루어지다 보니 저학년 동안은 한글 쓰기, 한글 해득하기에만 치우쳐있다. 국어는 단순한 쓰기 맞춤법 교육이 아니라 이해력, 사고력, 표현력, 어휘력 등을 포괄적으로 길러야 하는 학문이다. 한글을 뗐다고 해도 풍부한 어휘력과 문장력을 통한 표현력이 없다면 국어는 물론 다른 교과도 우수한 성적을 기대할 수 없다. 국어는 도구적인 학문이기 때문이다. 국어를 잘해야 수학도 잘한다. 국어 교육은 한글습득보다는 이해력, 사고력, 표현력을 기르는 것이 우선되어야 한다. 게다가 한글이 느린 아이는 이런 충분한 국어 실력을 키울 기회가 부족할 것이고, 당연히 기초학력 미달자로 분류될 것이다.

한글떼기가 늦어지는 요인

부모 선생님과의 상호작용

2학년. 아이가 한글을 다 떼지 못했다면, 여러 가지 원인이 있을 것이다. 환경적으로는 부모와 상호작용이 이루어질 수 없는 환경이라든지, 교육적인 자극을 받지 못하는 열악한 환경이라든지 여러 가지 외부요인이 작용한다. 그런 경우는 다른 선생님과의 상호작용을 통해 표준화된 교육과정으로 극복할 수 있다. 실제로 맞벌이 부모를 둔 어떤 아이는 한글을 못 했었지만, 선생님과 밀착지도를 통해 실력이 눈에 띄게 좋아지는 경우가 있었다.

적기를 놓친 경우

한글학습의 적기는 아이들이 학습에 관심을 보일 때다. 보통은 그때 한글을 시작하면 한글을 잘 떼고 무리 없이 읽기까지 할 수 있다. 하지만, 교육의 적기를 놓친 경우에는 이미 흥미가 떨어진 상태인데 무리한 교육이 더해진다면, 그건 최악이다. 초등학교 학부모님들이 많이 후회하는 일 중 하나가 '제가 아이를 너무 놀게 했나 봐요…. 그때 공부를 했어야하는데..'라는 말이다. 물론 아이는 충분히 놀아야 하고 놀이를 통해 성장발달이 이루어지지만, 정말로 놀기만 해서 한글을 늦게 시작한 경우, 생각보다 오래 걸리는 경우가 많다.

발달에 문제가 있는 경우

2학년이 되어서도 다른 모든 것이 정상인데, 유독 학습에 어려움을 느낀다면, 전문기관의 도움을 받아야 한다. 실제로 언어장애가 있던 학생은 부모와 선생님의 밀착지도에도 한글을 습득하는 데 큰 어려움을 느꼈다. 한글을 습득하는 데 매우 느리다면, 전문기관의 도움을 받아서 치료와 학습을 병행하는 것이 좋다.

아이가 말이 늦으면 속 편하게 기다리고만 있는 엄마보다는 조급한 마음이 더 드는 엄마가 많을 것이다. 충분히 기다리면 비록 늦게라도 말이 트이는 아이가 있는 반면, 언어치료가 필요한 아이도 있다. 나는 부모님이 치료의 적기를 놓쳐서 나중에야 학습에 문제가 생기니 그때서야 병원을 찾는 경우를 많이 보았다. 보통 전문가들은 만 3세에 아이가 의사소통에 문제가 있고 친구와 전혀 어울릴 생각을 안 하고 말을 잘 알아듣지 못한다면, 반드시 전문기관의 도움을 받아야 한다고 말한다.

모든 아이는 영유아발달검사를 정기적으로 소아과에서 받게 된다. 문진표를 작성할 때 대충 작성하지 말고, 아이에 대해 잘 관찰하고 우리 아이가 평균수준에 비해 얼마나 떨어지는지 또는 그냥 보통인지 앞서있는지, 꼭 의사와 상의해야 한다. 사실 소아과에서도 시간을 두고 관찰해야 알 수 있는 부분이 있기 때문에 아이를 잘 보는 병원을 찾아 꾸준히 다니며 관찰하는 것이 필요하다. 시간에 쫓겨 대충대충 보는 병원들도 많다. 평소 엄마는 아이가 얼마나 의사소통을 잘하는지 여러 방향으로 살펴봐야 한다. 여기에 조급함을 가지고 아이를 다그친다면 최악이다. 천천히 시간을 가지고 전문가와 선생님과 충분한 상의를 통해 치료와 학습을 병행하는 것이 좋다. 무엇보다 아이가 편안한 환경에서 치료받는 것이 최상이다.

04

한글을 돌아서면 잊어버려요

    부모가 처음 의욕을 가지고 한글 공부를 시킬 때, 막상 아이는 배운 것을 다 잊어버려 처음 배우는 듯 보일 때가 있다. 학습 초기에 이런 현상이 많이 일어난다. 아이가 학습할 준비가 안 되어있는데, 부모가 억지로 공부를 시킨다거나, 복습을 제대로 하지 않고 진도만 나간 경우 이런 현상이 나타난다.

에빙하우스의 망각곡선

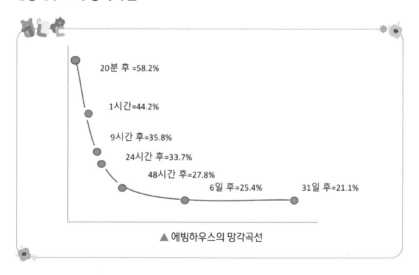

20분 후 =58.2%

1시간=44.2%

9시간 후=35.8%

24시간 후=33.7%

48시간 후=27.8%

6일 후=25.4%

31일 후=21.1%

▲ 에빙하우스의 망각곡선

도표에 따르면, 학습 바로 직후에는 망각이 매우 급격하게 일어나며, 특히 학습 직후 20분 내에 41, 8%가 망각된다. 1일이 지나면 66.3%, 6일이 지나면 74.6%가 망각된다. 따라서 복습을 하지 않고, 이틀에 한 번, 일주일에 한 번 학습하면, 학습한 내용의 대부분을 잊어버리게 된다. 공부한 내용을 오래도록 기억하기 위해서는 반복 학습과 시간 간격을 두고 여러 번 수행하는 분산학습이 더 효과적이다.

일주일에 한 번이든 두 번이든 일단 공부한 내용은 다시 새로운 것을 공부하기 전에 반드시 여러 번 복습해서 완벽하게 기억하게 하면, 더 효과적이다. 초등학교 1학년 아이들을 지도할 때 이런 경우를 많이 본다. 아직 한글을 떼지 못해 조바심이 난 부모님은 집에서 아이가 배우지 않은 것까지 무리해서 가르쳐 온다. 한글교재에 부모님과 열심히 공부한 증거가 빽빽한 동그라미 흔적을 보면서 놀라움을 금치 못하곤 했다. 그런 부모의 조바심이 아이에겐 부담으로 느껴진다.

학습 부담이 너무 과중 해지는 것이다. 그런 경우 사실 복습보다는 예습에 초점이 맞춰져 있는 경우가 많다. 부모님 입장에서는 겨우 이만큼, 이렇게 조금인데 아이가 충분히 할 수 있는 거 같아서라는 이유로 아이를 붙잡고 공부를 시키시지만, 막상 아이는 준비가 안 되어있고, 아이가 받아들이는 새로운 정보는 결국 제대로 복습하지 않으면 잊어버리게 된다. 이런 경우는 아예 학습을 시키지 않는 편이 낫다. 나는 숙제로는 복습내용을 내주었지만, 이마저도 아이가 부담을 느끼면 숙제도 내주지 않았다. 대신 항상 복습을 통해 배운 것을 상기시킨 다음 진도를 나간다. 그런 친구는 비록 시간이 오래 걸리더라도 완벽하게 한글을 떼었다.

　하지만, 부모님이 조바심을 가지고 급하게 진도를 나가면, 문제집을 아무리 많이 풀어도, 결국 아이에게 남는 것은 없었다. 완전 학습이 되지 않은 것이다. 학교나 학원에서 배운 것 이상으로 집에서도 가르치면, 아이에게 좋다고 생각하겠지만, 과중한 학습 부담은 아이에게 모든 면에서 부정적인 영향을 끼친다. 집에서는 배운 것을 확인하는 정도로 하고 아이가 원하는 경우에는 적당한 선에서 마치게 해 주는 것이 더 좋다.

05

자꾸 다른 아이들과 비교하게 돼요.

처음 한글을 가르치게 되는 때는 아마도 부모님이 아이가 시작할 준비가 되어서라기 보다는, 다른 친구가 벌써 한글을 뗐다고 하니까 갑자기 조바심이 나서 일 경우가 많다. 90년대 후반부터 불과 몇 년 전까지, 통글자 열풍이 불었다고 해도 과언이 아닐 정도로 너도나도 한글을 일찍 시작했다. 그 후 지금까지도 2살 3살에 한글을 뗐다고 하는 경우가 있다. 그러면 부모는 자연스럽게 다른 아이가 우리 아이보다 뭐든 빠르다고 하면 조바심이 난다.

사실 한글을 몇 살에 떼느냐는 그리 중요한 것이 아니다. 한글을 떼고 그 이후 읽기 학습이 어떻게 이루어지느냐가 큰 쟁점이다. 2살 3살에 한글을 뗐다고 해도 그것은 완벽한 한글을 아는 것이 아니라, 이미지로 한 2백 개쯤의 단어를 아는 것에 불과하다. 중요한 것은 한글을 떼고 나서 의미를 이해하며 읽는 능력의 향상은 생각보다 쉽지 않을 수 있다. 상황에 따라 많은 차이가 있다. 하지만 대체로 한글을 읽을 줄 알게 되면, 음절 하나하나가 합하여 단어가 되고 단어들이 모여 문장이 되는 것을 이해하는데 상당한 성취감과 자신감을 갖게 된다.

다른 아이와 비교는 절대 금물이다. 설사 5세, 6세라 해도, 우리 아이는 아직 한글을 할 준비가 안되어 있을 수 있다. 다른 친구는 벌써 책을 읽는다는데, 우리 아이는 너무 늦는 거 아닌가 하는 생각에 사로잡히게 되면, 조바심이 나고 공부를 해도 별로 도움이 되지 않는다. 아이는 실망하는 엄마의 표정을 가장 잘 안다. 사실 우리도 그렇게 자랐다. 오죽하면 '엄친아(엄마친구아들)'이라는 말이 있겠는가. 오랜만에 아이들과 엄마들이 만나면 으레 비교하는 말을 던지게 된다.

"00이는 참 날씬하네요"
"00이는 참 똑똑하네요"
"00이는 벌써 곱하기를 한다며요?"

비교하는 말은 어느새 엄마의 마음에 깊숙이 사로잡힌다. 그리고 툭하면, 아이 앞에서 그 말이 튀어나오게 된다.

"00이는 안 그러는데 너는 왜 그러니?"
"00이는 벌써 읽는다는데, 넌 왜 아직도 못하니"

비교하는 말은 어느새 아이의 가슴으로 들어와 자존감에 큰 상처를 낸다. 비교하는 말과 생각은 결국 우리 아이에게 좋을 것이 없다. 아주 나쁜 영향을 끼치게 된다. 단순히 학습하는 것이 아직 준비가 안

되어 싫어할 수도 있지만, 친구와 비교하는 엄마의 말 때문에 학습하는 것이 참을 수 없는 곤욕이 될 수 있다. 그럴 바에는 그냥 아무것도 시키지 않는 편이 백배는 더 낫다. 꼭 손으로 때려야만 폭력이 아니다. 말로 하는 것도 아이에겐 심한 언어폭력이고 언어폭력 또한 무시무시한 파괴력을 가진다.

물론 의도치 않게 부모의 언어가 아이에게 부정적인 영향을 주는 경우도 있다. 내가 만났던 호준이는 말이 아주 거친 친구였다. 초등학교 1학년이었는데, 너무 험한 말을 많이 해서 깜짝 놀라 아이들이 그 아이에게 들은 말을 놀라서 나에게 전해주곤 했다. 처음 호준이를 만났을 때 단, 몇 마디 말만으로 그 아이의 주변환경이 짐작이 갔다. 부모님은 맞벌이였고, 호준이를 돌볼 시간이 없어 중학생 형이 보살폈다. 하지만 같이 공부해보니 나의 예상과는 달리, 호준이가 무척 똑똑해서 깜짝 놀랐었다. 한글을 몰랐지만 아주 단기간에 한글을 떼고, 보통 아이들이 한글을 떼고 서도 한참 걸려야 할 수 있는 학습을 쉽게 해냈다. 공부를 너무 즐겁게 했는데, 항상 조금 더 공부하고 싶어 했을 정도로 스스로 학습을 즐기고 공부할 수 있는 능력을 갖춘 친구였다. 아이들은 무한한 가능성이 있다. 부정적인 언어로 아이들의 잠재력을 억눌러서는 안된다.

06

한글 획을 꼭 순서대로 써야 하나요?

처음 한글을 배울 때는 쓰기보다는 읽기에 집중하는 것이 좋다. 쓰기는 앞으로도 할 시간이 많다. 초등학교 1학년에 들어가서도 가장 처음 배우는 것이 쓰기 활동이다. 교과서로 모든 학생에게 똑같은 교육을 시켜야 하다 보니, 모든 한글 교육이 쓰기에 초점이 맞춰져 있다. 하지만 아직 어린아이들에게는 어떻게 쓰느냐 보다. 어떻게 읽고 얼마나 의미를 잘 알 수 있느냐가 더 중요하다. 정 안되면 더듬더듬이라도 읽을 수 있는 수준까진 공부해 놓고 학교를 들어가야 한다. 한글을 배울 때 그렇다고 읽기와 쓰기를 분리해서 가르칠 필요는 없다. 한글을 배우면서 자연스럽게 연필을 잡는 법을 배우고 따라 쓰기를 하면서 획순에 맞게 쓰도록 지도하는 것이 좋다.

한글을 쓸 땐, 운필력을 키울 충분한 소근육이 발달 되어 있어야한다. 연필을 잡기 전에 크레파스, 색연필을 많이 잡아 본 친구가 더욱잘 배울 수 있다. 한글을 배우기 전에 스케치북, 보드 칠판에 마음껏 크레파스와 색연필로 그림을 그릴 수 있는 환경을 제공해야 한다. 그림을 많이 그리다 보면, 글자에 관심이 생겼을 때 글자를 따라 그려보기도 하고, 글자를 외워서 그림처럼 그려보기도 한다. 감각을 키울 수 있는 모든 활동은 아이들이 한글학습 준비를 하는 데 많은 도움이 된다. 밀가루 반죽 놀이, 모래 놀이, 물감 놀이, 색종이 접기, 뭐든 좋다. 다양한 잡기 놀이를 해 왔다면, 한글 쓰기를 할 때는 처음부터 연필을 주지 말고 먼저 색연필로 선 그리는 연습을 하자. 그리고 연필을 줄 때는 진한 심부터 줘야 한다.

4B연필로 충분히 쓰고 그다음에 2B연필로 넘어간다. 초등학교에 가서도 B연필을 사용하는 것이 글자도 똑바르고 예쁘다. 어떤 학생들은 저학년인데도 샤프나 연한 연필을 가지고 다니는데 연필식 샤프를 제외한 일반 샤프는 권장하지 않는다. 샤프는 샤프심이 자주 부러져 학습에 방해가 된다. 또 연한 HB연필은 잘 보이지 않고 쓸 때 너무 힘이 들어가서 손이 아플 수 있다.

연필에 끼워서 사용할 수 있는 보조기구를 구입하여 연습하는 것도 좋다.

이런 단계를 거치면 야무지게 연필을 잡을 줄 안다. 첫 단계로 한글교재를 구입 하면, 선 긋기 부터 나와 있는 책이 있다. 그런 교재를 구입해서 선 긋기를 연습해본다. 처음 선 긋기부터 연습을 할 때 왼쪽에서 오른쪽으로, 위에서 아래로 긋는 연습을 충분히 하면서 자연스럽게 쓰기를 접하게 해야 한다. 그렇게 하면 대부분은 한글 쓰는 순서를 잘 맞게 쓴다. 자모음 쓰는 순서는 초등학교 교육과정에서도 이루어진다. 너무 일찍부터 쓸 때마다 순서를 교정하려고 하지 말고, 일단은 한글 쓰기로 자기가 하고 싶은 말도 쓸 수 있을 정도의 실력이라면 아주 가끔만 지도해준다. 아이가 한글을 쓸 때마다 지적을 받는다면, 아마 잘 쓰던 것도 쓰기 싫어할 것이다.

한글을 쓰는 순서에 너무 목매지 말고 아이가 잘할 수 있을 때까지 칭찬과 응원을 아끼지 말아야 한다. 그럼 어느 순간 잘하게 된다. 특히 한글을 배우는 초기에는 한글을 쓰는 순서를 자꾸 잊어버린다거나, 자음을 뒤집어쓴다거나 하는 현상이 일어난다. 그것은 자연스러운 현상이다. 한글을 배우는 활동과 동시에 한글 쓰는 순서도 자연스럽게 알게되지만, 7세에도 순서를 자꾸 틀린다면 그때부턴 신경 써서 지도한다.

어디까지나 가장 중요한 건 읽고 이해하는 능력이다. 작은 단점에 초점을 맞춰서 아이가 공부를 시작하기도 전에 지치게 해서는 안 된다. 자기 마음대로 쓰려고 하더라도 처음에는 너무 쓰는 법을 강요해서는 안 된다. 그러다가 맞춤법이라도 틀리면, 아이는 더 이상 쓰려고 하지 않을 것이다. 획순, 맞춤법은 얼마든지 교정할 시간이 있다. 더 큰 목표에 집중하자.

07

한글을 뗐는데, 책 내용을 몰라요

한글을 가르쳤는데, 뜻을 모른다며 답답해하는 부모님들이 많다. 처음 한글을 떼게 되면 아이는 읽는 것에 집중하느라 의미를 연관 지어 생각하지 못한다. 이것은 아주 자연스럽고 당연한 현상이다. 한글을 떼는 것의 목표는 더듬더듬 읽는 것이 아니라 줄줄 읽고 의미까지 파악하며 간단한 문장 정도는 쓸 수 있는 상태이다. 여기서 부모님의 걱정거리는 한글을 읽을 줄 아는데 뜻을 모른다는 데 있다. 한글을 떼자마자 모든 책을 읽으라는 것은 겨우 일어나는 법을 배운 아이에게 당장 뛰어보라고 하는 것과 똑같은 이치이다. 아이가 걸음마를 시작할 때 처음엔 물건을 잡고 일어서다가 혼자 일어서고 소파를 잡고 위치를 이동하며 걷고 한 발자국씩 움직이다가 마침내 걷는 것처럼, 마찬가지로 한글도 줄줄 읽게 되기까지는 많은 과정이 필요하다.

아이가 한글을 한 달 만에, 두 달 만에 뗐다고 하는 것은 그야말로 한글의 과학적인 원리를 깨우쳐서 쉽게 어떤 글자든 보고 더듬더듬이라도 소리 내어 말 할 수 있는 것을 의미한다. 처음 한글을 뗀 지 얼마 되지 않았다면, 그 후에 읽기 연습을 하지 않으면 당연히 내용을 모르게 되어있다. 정작 중요한 것은 한글 자체의 원리를 이용한 한글 떼기 연습이 아닌 그 후 읽기 활동을 제대로 하는 것이다. 한글을 읽는데 재미를 붙인 아이들은 보이는 글자는 다 읽으려고 한다. 상가에 붙어 있는 간판에서, 길가의 표지판에서, 편의점의 과자 이름들, 좋아하던 그림책의 제목, 전단지의 광고문구, 글자들까지 자연스럽게 한글을 접하고 자연스럽게 읽고 모르는 뜻은 물어본다. 아이가 모르는 말은 그때그때 이해할 수 있도록 쉽게 설명해 주는 것이 좋다.

한글을 공부하는 초기에는 아이들이 쉽게 읽을 수 있는, 같은 어구가 반복되는 그림책을 읽는 것이 중요하다. 한글을 읽을 줄 안다고 해서 처음부터 글 밥이 많은 어려운 창작 동화책이나 전래동화집 같은 것을 읽게 해서는 안 된다. 글이 한 페이지에 한 두 줄 정도 있는, 그림이 풍부하게 그려진 책부터 시작하는 것이 좋다. 이때 반드시 부모의 개입이 있어야 한다. 이제 한글을 아니까 혼자 읽으라고 말하는 것이 아니라 같이 읽고 아이가 제대로 내용을 이해하는지 살펴야 한다. 그러면서 점점 읽기에 푹 빠지면 정말 아이가 술술 책을 읽게 되는 놀라운 순간이 온다.

한글을 떼는 것보다 더 중요한 것은 읽는 활동을 통한 어휘확장이다. 어휘력의 부족은 단순한 읽기 능력이 아니라 학교 공부의 가장 기본인 교과서를 읽는 데도 영향을 미친다. 초등학교 고학년이 될수록 단어의 의미를 바탕으로 한 추론능력이 필요한데 어휘를 모르면 교과 이해력이 떨어져 학습 부진을 일으키게 된다.

부모가 책을 많이 읽어준 아이들은 한글도 금방 떼고 읽기독립도 금방 이루어진다. 하지만 읽기독립이 이루어졌다고 해서 모든 어휘를 안다는 것은 아니다. 여전히 단계별, 학년별 책 읽기 활동을 통해 어휘 확장이 반드시 이루어져야 한다. 아이들은 책 속에서 자연스럽게 어휘를 확장하기도 하고, 생활 속에서 모르는 단어를 주변 사람에게 물어보며 어휘를 알게된다.

이때 부모는 귀찮아하지 않고 단어를 아이가 이해할 수 있도록 설명해 주어야 한다. 초등학교 3학년부터는 국어 시간에 사전 찾는 법을 배운다. 사전을 찾을 줄 알게 되면 아이가 스스로 찾는 데 성취감도 느끼고 재미있는 단어 빨리 찾기 놀이나 초성 게임을 통해 재미를 느낄 수 있다.

그때부터는 집에서도 사전을 구비 하여, 모르는 단어가 있다면 스스로 찾아서 소리 내 읽어보고 뜻을 알 수 있도록 하는 습관을 잡아주어야 한다. 초등학교 1학년 때부터는 많은 단어를 접하여 어휘력을 키워가는 것이 필요하다.

- 추천도서
  보리 국어사전

08
책 읽어주기의 힘

책을 읽어주면 아이의 정서가 완성된다.
책 속 이야기와 그림을 통한 심리적 이완 효과도 영향을 미치겠지만
좀 더 중요한 요인이 있다. 바로 책을 읽어주는 시간 동안
엄마의 냄새와 온도를 얻을 수 있기 때문이다.

- 하루 3시간 엄마 냄새 中, 이현수

부모가 책을 읽어주면 가장 좋은 점은 그 시간을 통해 아이가 정서적 안정감을 갖게 된다는 것이다. 특히 유아들은 책의 내용보다는 엄마 아빠가 책을 읽어주는 경험을 통한 따뜻하고 유쾌한 분위기를 더 오래 기억하게 된다. 그 과정에 책이라는 매개체가 있는 것이다. 부모와의 정서적 유대감, 이것이 책 읽어주기의 가장 큰 목표이다.

또한, 어릴 때부터 책을 가까이 접하도록 환경을 만들어주는 것은 먼 미래에 독서습관에도 적지 않은 영향을 끼친다. 저절로 책을 좋아하게 되는 아이는 거의 없다. 누군가는 아이를 책의 세계로 끌어들여

야 한다. 반드시 책으로 안내하는 사람이 있어야 한다. 그것이 바로 책 읽어주기이다. 책을 읽어주면 아이는 책에 흥미를 느낀다. 부모가 책을 읽어주는 과정을 통해 아이는 일찍부터 책을 가까이하게 되고 책에 빠지는 경험을 통해 독서습관이 형성된다. 아이 혼자 읽는 것보단, 부모가 함께 읽게 되면 부모와 상호작용을 통한 유대감이 깊어진다. 아이는 아직 띄어읽기에 익숙하지 않다. 어디서 끊어 읽어야 하는지, 어디서 쉬어야 하는지, 마침표, 물음표, 느낌표는 뭔지 아직 잘 모른다. 그렇기 때문에 부모가 먼저 읽어주면 아이는 어떻게 읽어야 하는지 저절로 습득할 수 있다. 그리고 아이를 위해 책을 읽어주는 부모님의 사랑을 느끼게 된다.

아빠가 책을 읽어주면 더 효과적인데, 하버드 대학에서 미국 430가구를 대상으로 조사한 결과 아빠가 책을 읽어주면 아이가 더 똑똑해진다. 아빠가 책을 읽어준 아이는 어휘발달, 지능, 유아언어, 인지발달, 정서발달이 월등히 좋아졌다.

> 엄마는 책의 주인공과 사실적 내용을 설명해
> 아이의 좌뇌를 발달시키는 반면,
> 아빠는 다양한 어휘와 경험을 활용하면서 상상력과 창의력을
> 향상시키는 질문을 던져 우뇌발달에 도움을 주기 때문이다
> -이영애(숙명여대교수)

아이가 글자를 다 익혔다고 해도 책은 꾸준히 부모가 읽어주는 것이 중요하다. 모르는 어휘가 있을 때에도 혼자 읽는 것보다 다른 사람이 읽어주면 쉽게 이해할 수 있다. 예를 들면 '으름장을 놓다'는 말을

모르는 아이가 책에서 이 단어를 처음 접하면 이해 자체를 못 하기 때문에 책은 재미없고 어렵다는 인식을 가질 수 있다. 하지만 그 이야기의 스토리 안에서 부모나 교사가 특유의 뉘앙스나 설명을 섞어 '으름장을 놓다'고 읽어주면 아이는 자연히 스토리의 흐름대로 앞뒤 맥락을 통해 말뜻을 이해하게 된다.

읽기는 모든 학습의 기초다. 책 읽기의 목적이 학업성취는 아니지만, 앞부분에서 말한 것처럼 아주 밀접한 관련이 있다. 읽기는 교육의 기초다. 기초가 바로 되어있어야 학습도 쉽게 시작할 수 있게 된다.

여기서 중요한 것은 부모가 늘 하는 말이 "책 읽어라", " 책 좀 읽어라" 가 아닌 "책 읽자"라는 말이 되어야 한다는 것이다. 읽으라고 하는 명령은 아이들에게 부담으로 다가오지만, 책 읽자는 다정한 말은 아이에게 호기심을 준다.

책을 읽어주면 아이들은 두뇌가 발달하고 어휘력이 늘어나며 집중력과 상상력이 향상된다. 단지 읽어주면 좋은 것이 아니라, 꼭 읽어주어야 하는 이유이다. 아이에게 책 읽어주는 사람이 있다는 것은 그 어떤 것과도 바꿀 수 없는 귀한 것이다. 이 세상을 다 가진 것과도 같은 것이다.

> "당신이 아무리 큰 부자일지라도 그래서 금은보화가
> 넘쳐날지라도 결코 나보다 부자가 될 수는 없어요.
> 내겐 책 읽어주는 어머니가 있으니까요."
> – 책 읽어주는 어머니, 스트릭랜드 길리언

09
베껴쓰기(필사)시켜도되나요

언제부턴가 베껴쓰기에 대한 관심이 증가하고 있다. 다른 말로 필사(筆寫)라고 한다. 베껴쓰기에는 다양한 효과가 있다며 너도나도 베껴쓰기가 유행처럼 번지다 보니 어린이를 타겟으로 한 베껴쓰기 학습서들이 줄지어 나오고 있다. 그래서 인지 초등학생들을 둔 부모에게도 베껴쓰기 시키기 열풍이 불고 있다. 동화책 베껴쓰기, 국어 베껴쓰기 영어 베껴쓰기 속담베껴쓰기, 칼럼 베껴쓰기 그 종류가 세지도 못할 정도로 많다. 하지만 과연 베껴쓰기가 국어 능력이나 특정한 글쓰기 능력에 항상 좋은 결과를 가져오는 것일까?

베껴쓰기를 하면 글 쓰는 데 도움이 될 수는 있다. 성인이 베껴쓰기를 하는 경우는 글쓰기나 문장력의 향상을 위한 분명한 '목적'이 있는 베껴쓰기이다. 실제로 '모비딕'을 쓴 허먼 멜빌은 존경하는 작가의 문체를 배워 글쓰기 훈련을 하기 위해 셰익스피어의 오셀로를 250번이나 베껴썼다.

하지만 어린 학생들에게 베껴쓰기를 시키는 이유가 무엇일까? 어른의 문체를 흉내 내기 위해서? 글을 잘 쓰기 위해서?

대부분은 학습을 위한 목적으로 베껴쓰기가 이루어지고 있다. 아이의 입장에서는 가만히 앉아 똑같은 글자를 오랜 시간 옮겨 쓴다는 것은 아주 곤욕스러운 일이다. 필사는 문학의 대가들이 훌륭한 글쓰기를 위한 훈련의 한 방법으로 사용한 것일 뿐이다. 그런데 그것을 학습에 활용한 여러 책들을 보면 참 안타깝다.

어떤 학부모는 띄어쓰기를 가르친다며 아직 1학년인 아이에게 동화책 전체를 처음부터 끝까지 베껴쓰게 했다. 동화책 전체를 베껴 쓴다고 띄어쓰기가 해결되는 것은 아니다. 띄어쓰기는 오직 국어사전에 근거하여 띄어쓰기 규칙을 확인해야 한다. 국어사전에 등재된 모든 명사와 동사 형용사를 외우지 통째로 외우지 않는 한 일일이 열거할 수 없을 정도로 사례가 많기 때문이다. 글자가 같다고 해서 품사도 반드시 같지는 않기 때문에 띄어쓰기 방법도 달라진다. 띄어쓰기를 완벽히 하기 위해서는 사전을 일일이 찾아가며 품사와 띄어쓰기 방법을 결정해야 하지 베껴쓰기 한다고 띄어쓰기를 통달하게 되는 것이 아닌 것이다.

중고등학생이면 가능할지 몰라도 너무 어린 저학년은 학습에 베껴쓰기를 이용해서는 안 된다. 너무 어린 나이부터 베껴쓰기를 시키는 것은 고된 노동에 지나지 않는다. 오히려 많이 읽고 많이 떠드는 것이 학생의 국어 능력에는 더 도움이 될 수 있다. 어린이에게 좋은 글쓰기란 굳이 좋은 문장을 흉내 내지 않아도, 아이만의 순수하고 정직한, 꾸밈없는 글 그 자체도 충분히 좋은 글이 될 수 있다.

다산 정약용은 부분 베껴쓰기를 독서의 한 방법으로 제시하였다. 바로 정독, 질서, 초서의 방법이다. 정독은 글을 깊이 생각하면서 그 뜻을 정확히 이해하면서 읽는 것이다. 그 뜻을 정확히 이해하게 되었다면 여러 차례 반복해서 읽어 완전히 내 것으로 만들어야 한다. 질서는 책을 읽다가 깨달은 것이 있으면 잊지 않기 위해 적어가며 읽는 것을 말한다. 즉 메모하며 책을 읽는 방법이다. 단순 베끼기가 아닌 스스로 깨우침에 의한 기록이다. 초서는 책을 읽다가 중요한 구절이 나오면 이를 베껴쓰는 것을 말한다. 다음은 정약용이 아들에게 보낸 편지글이다.

'독서할 때 어떻게 해야 하느냐?
한번 쭉 읽고 버려둔다면 나중에 다시 필요한 부분을 찾을 때
곤란하지 않겠느냐? 그러니 모름지기 책을 읽을 때는 중요한 일이 있거든
가려서 뽑아서 따로 정리해두는 습관을 길러야 할 것이다'

즉 베껴쓰기는 책 전체를 필사하는 것이 아닌 부분에서 발췌한 지식과 정보를 정리하는 방법이었다.

10
생각이 커지는 그림책 활용

많은 학자가 책을 좋아하는 아이로 키우려면 글자를 24개월 이전에 통문자로 떼야 한다고 주장한다. 하지만 꼭 24개월 이전에 몇 개의 단어를 안다고 해서 책을 좋아하는 아이가 되는 것은 아니다. 그 시기에는 글을 몰라도 아름답고 다양한 그림의 세계를 통해 그림책을 보는 즐거움에 빠진다. 다양한 종류의 그림책을 통해 영유아시기부터 촉각, 시각, 청각을 자극하여 책을 보는 즐거움과 재미를 느끼게 된다. 게다가 소근육의 발달을 촉진할 수 있어 두뇌발달과 신체발달에도 도움이 된다.

유아기의 아이들은 책을 장난감처럼 가지고 논다. 이때 책을 밟거나 어지럽혀 놓았다고 해도 야단치거나 소리를 질러서는 안 된다. 위험한 상황이 아니라면 아이를 잘 지켜보되, 아이가 노는 것을 방해해서는 안된다. 이 과정을 통해서 아이들은 자연스럽게 책을 좋아하고 친구처럼 대하게 된다.

유아시기의 아이들이 접할 수 있는 다양한 책의 종류

• 헝겊 책

 - 헝겊 재질로 만든 유아용 놀이책이다. 일반 책보다 부드럽고 안전하기 때문에 입과 손으로 만지는 헝겊 책을 통해 상상력을 기를 수 있다.

• 입체 책(팝업북)

 - 책을 펼쳤을 때 입체적으로 그림이 튀어나오게 제작된 책이다.

• 보드북

 - 두껍고 빳빳한 종이로 만든 책이다. 영유아가 종이를 찢거나 베이지 않도록 안전하게 만들어진 책이다.

• 플랩북

 - 책장에 접힌 부분을 펼쳐서 볼 수 있도록 된 책이다. 해당 그림과 연결되는 또 다른 그림이나 내용이 들어있어 아이의 호기심을 자극한다.

• 소리책(사운드북)

 - 버튼을 누르면 다양한 멜로디와 효과음이 나온다. 다양한 소리가 나오므로 아이의 청각발달에 도움이 된다.

5부

바람직한
독서교육

01
만화만 좋아하는 아이

우리 아이가 만화만 좋아한다면, 부모로서 걱정이 될 것이다. 만화만 좋아하다가 학습은 멀리하는 것이 아닌지, 글 밥이 많은 책은 읽기 싫어하다가 독서를 싫어하게 되는 것은 아닌지 불안한 마음이 드는 것은 당연하다. 실제로 구어체로 이루어진 만화에 익숙한 아이들은 문어체로 이루어진 교과서와 일반 도서를 읽는데 어려움을 가질 수 있다. 아이가 만화만 읽으려고 한다면 교육에 도움이 되는 학습 만화를 제시해 보자. 생활과학이나 호기심을 자극할 만한 아주 좋은 만화책이 많이 나와 있다. 심지어 어려운 철학도 만화로 풀어내면 쉽게 이해하는 경우가 있다. 아이들이 만화를 통해 오히려 학습을 쉽게 접근할 수 있다면 긍정적으로 받아들여야 한다.

미국의 읽기 교육전문가 크라센은 읽고 싶은 책을 마음껏 읽는 것이 언어 능력향상에 가장 좋은 방법이라고 말한다. 특히 가벼운 읽을거리인 만화책을 지속적으로 읽으면 자기 주도적으로 책을 읽을 수 있게 된다고 했다. 어려운 내용도 쉽게 이해할 수 있게 해 주고 높은 수준의 읽기 능력을 키우는데 긍정적으로 작용할 수 있다. 초등학생들은 당연히 만화를 좋아한다.

이때 부모는 만화만 좋아한다고 탓할 것이 아니라 만화가 일반 도서로도 연결될 수 있도록 적절한 교량 역할을 해야 한다. 그림이 많은 만화에서 점차 글자와 내용이 많은 학습 만화를 거쳐 동일한 주제의 일반 도서를 선택해 읽게 함으로써 만화책에서 일반 도서로 쉽게 넘어갈 수 있다.

아이들이 만화책에 빠져있을 때 주의할 점이 있다. 학습 만화의 흥미 위주인 일방적인 정보를 그대로 받아들이지 않도록 해야 한다. 지식을 습득할 수 있지만, 자칫 얕은 지식을 아무 비판 없이 받아들이는 것은 아무 도움이 되지 않는다. 만화를 읽고 내용이 올바른 것인지, 어떻게 확장할 수 있는지, 부모의 판단이 중요하다. 아이와 만화책의 내용을 이야기하면서 토론하며 비판력을 키울 수 있는 활동이 반드시 동반되어야 한다. 먼저 이야기로 마음껏 읽은 내용을 말할 수 있는 기회를 준후, 반드시 독후활동을 통해 만화책의 정보를 수동적으로 받아들이지 않고 비판하며 자신의 의견도 생각해서 말할 수 있어야 진정한 의미의 독서가 된다.

아이들이 만화책이나 TV 만화를 좋아하는 것은 당연하다. 아이들이 어렸을 때 단지 TV 만화를 보기만 한다면 일방적이고 수동적인 정보를 받아들이는 활동에 지나지 않는다. 하지만 만화를 보고 마음껏 줄거리와 인상 깊었던 장면과 느낌, 생각을 이야기한다면 자연스럽게 토론 활동으로 이어질 수 있다. 좋아하는 만화를 보고 이야기할 수 있는 기회를 많이 주고 후에 기록할 수 있도록 한다면 쓰기 실력까지 키울 수 있다. 이때 부모들이 주의할 점은 일반만화는 다 나쁘고, 학습만화는 다 좋다는 인식을 버려야 한다는 점이다. 아이들의 감성과 상상을 자극할 수 있는 교육적인 만화와 정보를 제대로 담고 있는 학습만화를 구별하여 아이들에게 제공할 수 있도록 부모 역시 책을 보는 안목을 키워야 한다.

02

요즘은 독서의 목적이 공부에 있는 듯하다. 어렸을 때부터 독서를 하면 머리가 좋아진다고 생각해서 무리한 독서교육을 하기도 한다. '공부 머리 독서법'의 저자 최승필은 아이가 입시에 성공하기를 바란다면 학원보다 독서를 우선순위에 두라고 말한다. 더불어 공부로서의 독서가 아닌 즐거움으로서의 독서를 하도록 하라고 이야기하고 있다. 단지 독서를 하면 공부를 잘 하게 되고 수능을 잘 본다니까 억지스러운 독서교육을 하지 말고, 아이들이 내면에서 우러나오는 즐거운 독서를 하도록 해야 한다는 것이다. 독서를 즐기다 보면 독서가 거저 주는 훌륭한 선물을 맛보게 되는 것이지, 학습을 위한 목적으로 싫증 나는 독서교육을 해서는 안 된다. 독서를 잘만 하면 사교육을 시키는 것만큼의 학습능력을 가질 수 있다는 것은 자명하다. 혼자 읽을 수 있게 되면, 먼저 소리 내어 한번 낭독하고 묵독하는 습관을 가지면 더욱 효율적인 독서를 할 수 있을 것이다.

많이 읽어야 성공한다.
책 읽는 아이는 눈에 들어오는 시각 정보를 양쪽 후두엽,
언어이해에 필수적인 측두엽, 기억력, 사고력 등
인간의 고등 행동을 관장하는 좌뇌의 전두엽 부위들이
점점 빠른 속도로 상호작용하는 법을 배우며
원래 서로 다른 일을 하도록 설계된 뇌의 여러 부분이
같이 진화해 결국 독서로 머리가 좋아지는 것이다.

– (9쪽) '책 읽는 뇌', 매리언 울프

책 읽는 뇌의 저자 매리언 울프 교수는 책 읽는 아이는 눈에 들어오는 시각 정보를 양쪽 후두엽에서, 원래는 언어이해에 필수적인 측두엽과 인간의 고등 행동을 관장하는 좌뇌의 전두엽 부위들이 속력을 내며 상호작용하는 법을 배우며 본디 서로 다른 일을 하도록 설계된 뇌의 여러 부분이 같이 발전해 결국 독서로 머리가 좋아지는 것이라고 말한다.

인간이 읽기를 학습할 때는 뇌의 방대한
신경회로가 변형되고 신경회로의 변화에 따라
인간은 시각을 통해 구어 체계로 접근하는 능력을 얻는데,
이는 읽기 습득에서 결정적으로 중요하다.

– 스타니슬라스 드앤

신경과학자 스타니슬라스 드앤도 마찬가지로 읽기와 뇌 발달의 상관관계를 밝히고 있으며 이외에도 많은 전문가가 독서와 학습능력과의 긍정적인 상호작용을 증명하고 있다. 독서는 거두절미하고 일찍 시작하면 시작할수록, 많이 하면 할수록 독서가 주는 놀라운 선물을 누릴 수 있게 된다. 나는 아이들이 이러한 독서의 효능을 목적으로 한 억

지 독서가 아닌, 독서가 주는 즐거움 자체를 사랑하고, 평생 독서가 주는 시간을 선물이라고 생각하며 사는 어른으로 자라났으면 좋겠다.

03

엄마·아빠는 독서를 하십니까

　어느 부모든, 독서의 중요성을 아는 사람이라면, 자녀가 책을 좋아하는 아이로 자라기를 바랄 것이다. 하지만 내 아이가 책을 읽기를 바라면서, 정작 부모는 자녀에게 책을 읽어주기는커녕 여가시간에 스마트폰이나 TV 시청을 하는 모습을 자주 보여준다면, 아이는 부모도 보지 않는 책을 알아서 스스로 보지는 않을 것이다. 상식적으로 생각해보아도 아이는 말하는 대로 행동하지 않는 부모의 말을 들을 리 만무하다. 실제로 우리나라의 성인 독서량은 해가 갈수록 감소하고 있다.

　2019년 국민독서 실태조사 보고서(문화체육관광부)에 따르면 한국 성인들의 연간 평균 독서량은 7.5권으로 조사됐다. 이 수치는 2년 전보다 1.9권이 줄어든 것이다. 우리나라 성인 2명 중 1명은 종이책을 1년에 1권도 안 읽고 있는 것인데, 가장 많은 이유는 "다른 일을 하느라, 바빠서 책 읽을 시간이 없다"라는 것이었다. 미디어 같은 다른 볼거리가 늘어나면서 독서할 시간이 없다는 것이다. 우리나라의 성인 종이책 독서량은 꾸준히 줄고 있다.

> "아이들은 다른 사람이 책 읽는 모습을 보면 더 많이 읽는다"
>
> – 크라센

읽기 혁명의 저자 크라센은 아이들은 학교나 집에서 다른 사람들이 책 읽는 모습을 보면 더 많이 읽는다고 했다. 집에서 부모가 여가시간에 책을 더 많이 읽으면 자녀가 독서를 많이 한다는 것이다. 또 책 읽을 시간을 주면 스스로 읽으며 단지 읽을 시간을 주는 것만으로도 아이들은 독서를 더 많이 하게 된다고 한다. 한시도 가만히 있지 못하는 아이에게 책을 억지로 읽히기란 쉽지 않다. 무작정 책 읽기를 강요한다고 해도 어떤 아이든 훌륭한 독서습관을 가질 수 있는 것은 아니다. 따라서 책을 읽어야 한다는 일방적인 부모의 지시에 대한 순종이 아닌 자발적으로 책을 읽고 싶다는 생각을 가지게 해야 하는 것인데, 그 자발성은 바로 자신이 보고 듣는 것에서 오는 것임을 알아야 한다. 즉 부모가 아무리 책을 읽으라고 잔소리를 백 마디 하는 것보다 책을 읽고 있는 부모의 행복한 모습, 책을 좋아하는 부모의 표정 하나로 아이들은 스스로 책을 읽고 싶다는 생각을 가지게 되는 것이다.

부모가 책을 대하는 태도는 분명 아이에게 영향을 미친다. 어른들은 은연중에 아이들은 책을 읽기 싫어한다는 생각을 가지고 있다. 그래서 가장 많이 실수하는 것 중 하나가 책 읽기를 '벌'로 선택한다는 것이다.

부모의 부정적 태도가 반영된 말들

"너 이거 못했으니까 대신 책 읽어"

"책 10권 읽어야 00사 준다"

"책 좀 읽으라니까!"

무엇을 얻기 위한 도구로 은근히 책 읽기가 고통스럽고, 힘든 것이라는 관점으로 아이들을 대한다. 그러면 아이들은 독서를 힘든 것으로 받아들인다. 부모가 먼저 즐거운 태도로 책을 대한다면, 아이들도 저절로 책 읽는 즐거움에 빠져 독서의 질과 양이 높아지게 된다.

지금 나는 어떤 모습을 아이들에게 더 자주 보여주고 있는지 생각해보자. 좋아하는 드라마, 텔레비전 프로그램은 챙겨 보면서 독서는 하지 않는 부모의 모습을 보면서 아이들은 당연히 책과 친숙해질 수 있는 기회를 잃고 만다. 내 아이가 책 읽는 아이로 자라나길 바란다면, 아이 앞에서 스마트폰을 하거나 티브이를 보는 모습을 보여주지 않도록 하자. 세상 모든 부모는 아이가 책을 좋아하기를 바란다. 이때 필요한 것이 부모의 역할이다. 아이가 성인이 되어서도 책을 좋아하느냐 좋아하지 않으냐는 아이가 보고 듣는 환경에 달려있다. 평소 부모가 독서하는 모습을 보인다면 아이들은 그 모습을 보면서 책 읽는 것을 좋아하게 된다.

많은 아이들이 학원을 다니느라 바쁜 모습을 보면 참 안타깝다. 아무래도 독서는 중요한 영어 수학에 밀리다 보니 주요과목 학원에 다니다 보면 학교 숙제에 학원숙제까지 하느라 미처 독서까지 챙기지 못하는 경우가 많다. 결국, 공부를 잘하기 위해서 학원에 다니는 것인데 정작 필요한 독서는 뒤로 밀린다. 어쩌면, 영어보다 수학보다 더 중요한 것이 독서라고 생각한다. 수학을 공부하는데 필요한 논리력 또한 절대로 읽어내는 능력이 없다면 생길 수가 없다. 지금 당장 티브이를 끄고 책을 펼치는 부모님의 모습을 보여주도록 하자.

04
읽기독립환경 만들어주기

실제 책을 읽는 능력을 키우기 위해서는 아이들 눈에 보이는 환경을 만들어주는 것도 중요하다. 집 어디에나 책이 있어서 쉽게 책을 접할 수 있다면 책을 좋아하게 된다. 꼭 책을 읽지 않아도 다양한 표지에 익살스런 그림들을 보면서 책에 대한 긍정적인 이미지를 각인하게 된다. 단지 책이 많이 있는 환경에서 자라는 것만으로도 지적능력이 향상된다는 연구결과가 있다. 오스트레일리아 국립대와 미국 네바다대 연구진이 오이시디 데이터를 분석하였는데, 어릴 때 책이 많이 있는 환경에서 자란 사람은 문해력과 수리력, 컴퓨터 활용 능력이 뛰어났다. (오이시디 국제성인역량조사의 2011-2015년 데이터를 바탕으로 31개 국 성인 남녀 16만명 대상으로 조사)

학습 발달을 위해 어릴 때부터 책을 자주 접하는 것이 얼마나 중요한지를 보여주는 예이다.

지금도 거실에 있는 TV를 치우고 책장을 거실에 배치해 북카페처럼 만들어 거실 독서를 하는 가정이 많다. 보이는 게 책이니 아이들은 심심할 때 자연스럽게 책을 꺼내 읽는다. 하지만 모든 사람이 이렇게 TV를 없애기를 결단하기란 쉬운 일이 아니다. 잘만 활용하면, 훌륭한 교육매체가 되기 때문에 꼭 없애야 하는 것은 아니다. 꼭 한꺼번에 싹 바꾸지 않아도 된다. 조그만 책장을 군데군데 배치해 아이들 손이 닿는 곳에 놓아두어 쉽게 아이들이 볼 수 있도록 해 주자. 나는 아이가 관심 가질 만한 책을 소파위, 식탁, 거실 바닥, 아이의 눈길이 갈 만한 곳에 무심코 놓아둔다. 그러면 아이가 심심할 때 저절로 책을 집어 들고 관심을 보인다. 꼭 읽지 않아도 그냥 그림만 넘겨도 좋다. 그러면서 점차 이야기의 세계로 빠져들게 되는 것이다.

우리는 옛 이야기를 통해서 환경의 중요성을 익히 알고 있다.
바로 맹모삼천지교 라는 말이다.
어떤 부모는 아예 도서관 옆으로 이사를 하기도 한다. 이렇게 이사까지 하는 극단적인 행동은 누구나 할 수 없지만, 책을 가까이할 수 있는 환경을 만들 수 있는 다양한 방법을 시도해 보자. 도서관이 근처에 있다면 너무 좋겠지만 꼭 가깝지 않더라도 가족끼리 도서관에 들러 책을 고르고 빌리는 것부터 시작 해 보자.
무조건 책을 가까이할 수 있는 환경을 만들어주어야 한다. 책 읽기 좋은 환경을 만들어주고 읽을거리를 제공하는 것이 바로 부모가 해야 할 가장 중요한 역할이다.

05

읽기독립의 복병 미디어 줄이기

2019 스마트폰 과의존 실태조사에 따르면 유·아동의 스마트폰 과의존자 비율이 22.9%로 지속적으로 증가하고 있다. 부모가 과의존인 경우 유·아동 자녀의 위험률 역시 높았다. 반대로 돈독한 가정에서 자란 아이일수록 스마트폰에 빠질 위험이 낮았다 (중학생의 가족 기능과 스마트폰 중독 위험과의 관계-대한가정의학회)

혹시 자녀가 유독 읽기를 싫어한다면 스마트폰 중독을 의심해 보아야 한다.

스마트폰 중독 자가 진단 테스트(한국과학기술개발원제공)

1. 스마트폰이 없으면 손이 떨리고 불안하다.
2. 스마트폰을 잃어버리면 친구를 잃은 느낌이다.
3. 스마트폰은 하루에 2시간 이상 사용한다.
4. 스마트폰에 설치한 앱이 30개 이상이고 대부분 사용한다.
5. 화장실에 스마트폰을 가지고 간다.
6. 스마트폰 키패드가 쿼티 키패드이다.
7. 스마트폰 글자 쓰는 속도가 빠르다.

8. 밥을 먹다가 스마트폰 소리가 들리면 즉시 달려간다.

9. 스마트폰을 보물 1호라고 여긴다.

10. 스마트폰으로 홈쇼핑을 한 적이 2회 이상 있다.

1~2개 : 양호   3~4개 : 중독위험군   5~7개 : 중독의심   8개 이상 : 중독

한국과학기술개발원에서는 하루 2시간 이상 스마트폰을 쓴다면 중독이라고 한다. 스마트폰 중독에 빠진 경우에는 스마트폰을 하느라 책은 뒷전으로 밀린다. 스마트폰이 주는 자극이 강력하기 때문에 중독에 빠진 아이는 어떤 이야기에도 흥미를 느끼지 못한다. 먼저 스마트폰 중독이 되지 않도록 예방하는 것이 중요하고, 서서히 미디어 이용시간을 줄여주는 것이 좋다.

각종 미디어 기기가 주는 중독성 등의 위험한 점이 많지만, 그렇다고 교육적인 자료가 풍부한 미디어의 장점을 포기하기에는 아깝다. 적절한 시간 조정을 통해 스마트폰 중독이 되지 않도록 예방하고, 독서에도 미디어를 잘 연관 지어 지도한다면 아주 좋은 교육 도구가 될 수 있다.

그러므로 TV를 무심코 보는 일이 없도록 시간을 정하거나, 좋아하는 프로그램을 정해서 자기 할 일을 다 하고 TV를 볼 수 있도록 하는 것이 중요하다. 요즘은 정말 아이들이 심심할 틈이 없다. 눈만 뜨면 인터넷이 연결된 세상에서 온갖 유혹 물들이 넘쳐난다. 아이들은 자제력이 약하기 때문에 인터넷 환경을 차단해 잠시 심심할 틈을 주어야 한다. 심심해야 책을 집어 든다. 창의력은 심심할 때 생긴다.

06

도서관은 놀이터

도서관을 놀이터처럼 이용하자. 가족끼리 도서관에 가서 시간을 보내는 것만으로도 아이들은 책과 함께 하는 즐거운 기억을 가지게 된다. 사서가 대출 반납을 해 줄 수도 있고, 대출과 반납을 할 수 있는 기계도 있다. 도서관카드를 아이들 이름으로 만들어 직접 대출과 반납을 시켜보면 마치 놀이하는 것처럼 재미있어한다. 책 읽는 또래 친구의 모습을 보는 것, 진중하게 책을 고르는 어른의 모습을 보는 것, 보여지는 모든 것이 교육이 된다.

나는 2-3주에 한 번 지역 도서관에 간다. 도서관카드를 한 곳에서 만들면 도내 모든 도서관에서 이용할 수 있다. 그래서 근처에 여러 동네의 도서관을 이용한다. 도서관 가족 카드를 만들면 4인 가족일 경우 한꺼번에 28권을 빌릴 수 있다. 도서관용 큰 가방을 준비해서 2-3주에 한 번 도서관에 가서 묵직하게 빌려온다. 도서관에 있는 휴게시설에서 음료수를 마시거나 그날만큼은 아이들이 좋아하는 컵라면을 먹기도 한다. 도서관에서 시간을 보낸 후 반드시 꼭 맛있는 아이스크림을 먹기도 하고 맛있는 간식과 음료를 먹을 수 있는 카페에 간다.

도서관에서 빌려온 책은 바구니 여러 개에 나누어 담아 잘 보이는 곳에 놓아둔다. 거실 식탁 위 어디든 아이들 손이 쉽게 닿는 곳에 놓는 것이 좋다. 그리고 다 본 책은 꼭 다시 바구니에 넣어두도록 한다. 그렇게 하면 도서를 반납할 때 책을 잃어버려서 당황하는 일이 없다. 공공도서관에는 다양하고 유익한 무료 프로그램이 있다. 아이들을 대상으로 하는 프로그램뿐 아니라 어른을 대상으로 하는 것도 있다. 각종 전시회, 역사 공부, 독서 논술, 토론, 강연, 어학까지 많은 프로그램이 있으니 도서관을 마음껏 이용하도록 하자. 지역에 따라 과학도서관이나 미술도서관 같은 특색있는 도서관도 있다. 주말에 도서관을 테마로 여행하는 것도 아주 좋은 방법이다.

오늘 나를 있게 한 것은 우리 마을 작은 도서관이었다.
하버드 졸업장 보다 소중한 것은 독서하는 습관이다
– 빌 게이츠

07

아이가 행복한 독서

〈하루 15분 책 읽어주기의 힘〉의 저자 짐 트렐리즈는 아이가 지혜롭고, 똑똑하게 자라기를 원한다면, 아이의 침대에서, 식탁에서, 교실에서, 그곳이 어디든 아이에게 책을 읽어주어야 한다고 강조한다. 부모가 아이에게 책을 읽어주면 아이와 책 사이에는 즐거움이라는 끈이 연결된다.

잠들기 전 책을 읽어주는 것은 아이들이 다른 것에 집중하지 않고 오롯이 책에 빠져들 수 있는 황금시간이다. 다른 방해를 받지 않고 온 가족이 한 가지에 집중할 수 있는 기회다. 매일 잠들기 전 책 읽는 것을 습관으로 만들면, 아이들은 자연스럽게 독서를 습관으로 받아들인다. 그 시간이 가족이 함께할 수 있는 즐거운 시간이기 때문이다. 그리고 그 즐거움을 통해 상상의 나래를 마음껏 펼치게 된다.

글자를 읽을 줄 아는 아이라면 부모님과 한 페이지씩 교대로 읽기를 해 보자. 더욱 글자 읽기에 재미를 알게 되고, 자연스럽게 한글 읽기도 터득하게 된다. 한 페이지를 다 읽기를 힘들어한다면 처음에는 한 문장씩 교대로 읽는다. 순서대로 돌아가며 페이지를 넘기기를 해도 좋다. 그림책에는 상상력을 자극하는 아름답고 재미있는 그림들이 많다. 책을 읽어주면서 그림을 마음껏 감상할 수 있는 시간을 주자. 그리고 책을 다 읽은 후에는 퀴즈 맞히기를 한다. 7세부터는 어느 정도 내용을 파악하는 능력이 생기고 호기심이 많기 때문에 그림책을 읽고 퀴즈를 내면 맞힐 수 있다. 퀴즈는 내용을 확인할 수 있는 내용질문 몇 개와 느낌이나 생각을 확인할 수 있는 질문 몇 개로 나누어 낸다. 내용질문은 책의 내용 중 사실로 확인할 수 있는 질문이다.

⟨목기린씨 타세요⟩라는 책을 예로 들어 보겠다.
"목기린씨가 왜 마을 회관에 고슴도치 관장에게 편지를 하루도 빠짐없이 보냈을까요?"
라는 질문은 내용을 통해 확인할 수 있으므로 그것은 내용질문이다. 읽은 내용을 확인하는 차원의 간단한 질문들을 퀴즈로 내면 아이들은 문제 맞히기의 재미에 흠뻑 빠진다. 더 나아가 아이들의 생각을 이끌어내는 질문을 심화적으로 접근할 수도 있다.

"내가 목기린씨였다면 어떤 기분이었을까?"
"마을주민들은 왜 그렇게 행동했을까?"

이런 질문으로 아이들의 다양한 생각을 자유롭게 말할 수 있도록 하면, 아이들은 신나서 자신만의 이야기를 해나간다.

08

고학년이라면 슬로우리딩

2016년 경기도 갈담초등학교에서는 독특한 국어 교육 과정을 구성하였다. 박완서의 '그 많던 싱아는 누가 다 먹었을까'라는 책을 1년에 걸쳐 천천히 깊게 읽는 것이었다. 바로 슬로우리딩이었다. 슬로우리딩은 여러 권의 책을 가지고 많은 정보를 얻는 것이 아닌 단 한 권의 책을 천천히 그러나 깊이 읽음으로써 사고의 힘을 길러내는 것을 의미한다. 빠르고 단편적인 정보가 넘쳐나는 스마트한 세상에서 긴 호흡으로 책을 읽음으로써 다양하고 깊은 사고 활동을 하도록 하는 것이다.

2014년 EBS에서 『슬로우리딩, 생각을 키우는 힘』이라는 프로그램이 방송되었다. 방송에서는 한 아이가 책을 읽다가 사전을 찾는 모습이 나온다. 모르는 어휘를 꼼꼼히 사전에서 찾아서 기록하고, 책을 읽다가 관련된 내용의 다른 책을 찾아보기도 하면서, 능동적인 독서를 하는 모습을 보여주었다. 슬로우 리딩은 지금으로부터 50년전 일본의 국어교사인 하시모토 다케시 선생의 특별한 국어 수업에서 시작되었다. 6년 동안 소설 '은수저' 한 권을 읽는 국어 수업이다. 단 한 권의 소설책으로 6년간 국어 수업을 했고, 그 제자들이 일본 명문대학교에 진학하고 그들이 성장해서 일본 최고의 지도자가 된다.

기존의 교육시스템을 바꾸고 느리고 깊게 읽는 활동을 통해 생각의 힘을 길러내는 것이 바로 슬로우 리딩이다. 최근에 와서는 각각의 학교에서 교육 실정에 맞게 한 학기 한 권 읽기와 같은 다양한 교육과정으로 재현되고 있다.

슬로우리딩은 만화, 스마트폰 등에 길들여져 제대로 된 깊이 있는 독서를 하지 못하는 학생들의 독서습관을 개선한다. 한 권의 책을 읽고 다양한 활동을 통해 깊이 있는 사고를 하며 단편적인 교과서 지문에서 벗어나 전체의 맥락을 갖춘 텍스트를 통하여 진정한 의미의 자기주도학습을 하게 하는 것이다. 괄목할만한 점은 슬로우리딩을 통해 아이들이 두꺼운 책도 스스럼없이 읽고 토론하고 글 쓰는 능력이 향상되었다는 것이다.

하시모토 다케시 선생님은 '노는 게 곧 배우는 것'이란 원칙 아래 학습자의 지식 폭을 넓히고 독서에 대한 관심을 불러일으키는 게 슬로우리딩 학습법의 목표하고 말한다. 즉 아이가 책을 읽으면서 부담이 되거나 과중한 결과물을 강요받지 않고 단지 즐겁게 읽어야 하는 것이다.

저학년은 다양한 그림책과 동화책을 접할 수 있도록 하고, 고학년에서는 책을 설렁설렁 많이만 읽는 것이 아니라 슬로우리딩을 통해 많은 것을 얻을 수 있는 기회를 갖는 것이 좋다.

- 슬로우 리딩에 좋은 책
  * 그 많던 싱아는 누가 다 먹었을까? - 박완서
  * 자전거 도둑 - 박완서
  * 몽실언니 - 권정생
  * 노인과바다 - 헤밍웨이
  * 우리들의 일그러진 영웅 - 이문열
  * 데미안
  * 샬롯의 거미줄 - 시공주니어
  * 완득이 - 김려령

09
읽기독립에 좋은 책 고르기

한글을 어느 정도 읽을 수 있게 되었다면, 동화책을 통해 술술 읽는 연습을 해야 한다. 처음 한글을 한 자 한 자 읽을 수 있게 되었다면, 말 그대로 한글만 뗀 것이다. 한글을 읽을 수 있다고 해서 동화책에 나오는 이야기를 읽고 이해할 수는 없다. 그래서 한글을 공부할 때 반드시 동화책을 같이 읽는 연습을 해야 한다. 책을 읽어줄 때는 한 자 한 자 짚으면서 읽어주지 말고 흘러가는 대로 한 호흡으로 읽어 내용을 이해할 수 있도록 해야 한다.

처음에는 글 밥이 작은 그림책부터 시작해 점점 글 밥이 많은 것으로 발전할 수 있도록 계획하는 것이 중요하다. 아이가 좋아하는 주제라면 내용이 많아도 괜찮다. 보통은 한글을 떼고 금방 책을 잘 읽는 아이들도 있지만 한글을 떼고도 한참 걸리는 아이들도 많다. 아이들마다 속도가 다르기 때문에 잘 지켜봐야 한다. 자칫, 한글을 다 뗐다는 안도감으로 아무것도 하지 않고 그대로 놔두면, 그 상태 그대로 머물러 있게 된다. 결국, 글자를 읽고도 내용 이해를 못 하는 사태가 벌어진다.

부모님들과 상담을 해 보면,

"첫째 아이는 한글을 혼자서 떼어서 봐줄 것이 없었는데, 둘째는 왜 이런지 모르겠어요"

"둘째는 아무리 하려고 해도 안돼요"

라는 이야기를 많이 듣는다.

초등학교 들어가서 1년이 지나도록 한글에는 도통 관심이 없는 둘째가 걱정되어 찾아오신 부모님 이야기다.

정말 아이들마다 천차만별이기 때문에, 똑같은 교과서로 똑같은 내용을 공부한다고 해도 잘 되지 않는 아이들의 수준을 일일이 맞출 수 없는 것도 이해는 된다. 하지만 한글은 매우 과학적인 글자이기 때문에 보통은 하루에 20분씩 일주일에 세네 번 정도만 공부해도 한 달 정도 만에 기본적인 것은 다 읽을 수 있었다. 사실 한글을 떼는 것 자체는 큰 문제가 아니었다. 더 중요한 것은 모든 텍스트를 술술 읽고 이해할 수 있느냐 하는 것이다. 그 과정이 단 며칠이 걸리는 아이가 있고, 수개월에서 1년이 넘게 걸릴 수도 있는데, 그 과정에서 학습 부진이 발생한다.

읽을 줄만 아는 아이와 읽고 이해하는 아이가 받아들이는 세상은 천지 차이다. 더구나 읽고 쓰는 학습을 하는 초등학교 입학 이후는 가장 중요한 시기이다. 흔히 책만 읽어줘도 한글을 떼기 때문에 굳이 일찍 한글을 시키지 말라는 사람들의 이야기는 이런 이유에서이다. 책을 많이 읽는 과정에서 이미 읽는 능력이 발달했기 때문에 문자이해력이 우수해서 한글을 금방 배우거나, 가르쳐주지 않았는데 혼자서 떼어버린 경우가 그것이다. 부모님의 책 읽기가 중요한 것은 말할 것도 없지만, 아마 대부분은 매일 책을 어렸을 때부터 읽어준다는 것이 쉬운 일은 아닐 것이다. 그렇기 때문에 누구에게나 적용되는 법칙은 아니다. 그럴 수 없는 아이도 있다는 것을 인정해야 한다.

그래서 한글을 부모님이 가르치거나 또는 선생님의 도움을 받아 아이들이 관심이 있어 할 때 지나치지 말고 한글 교육의 적기를 발견해서 충분한 읽기 과정을 거치는 것이 가장 좋다.

- 읽기독립에 좋은 책 (글 밥이 적은 그림책부터 시작해 점차 글 밥이 많은 것으로 넘어갈 수 있도록 한다.)

  * 고릴라 - 앤서니브라운
  * 빨간 열매 - 이지은
  * 꼬마 너구리 요요 - 이반디
  * 구름빵 - 백희나
  * 기분을 말해봐 - 앤서니브라운
  * 누가 내 머리에 똥 쌌어?
    - 베르너홈츠바르트
  * 무지개 물고기
    - 마르쿠스피스터
  * 괴물들이 사는 나라
    - 모리스샌닥
  * 내 동생 싸게 팔아요
  * 열이 난 밤에 - 이민주
  * 돼지 책
  * 달 셔벗 - 백희나
  * 수박수영장 - 안녕 달
  * 이다와 하늘을 나는 고래
    - 레베카구거
  * 책 읽는 강아지 몽몽 - 최은옥
  * 강아지똥

  * 책 먹는 여우
    - 프란치스카비어만
  * 내 모자야 - 임선영
  * 시골 쥐의 서울 구경
    - 방정환 외
  * 콩 눈은 왜 생겼나
    - 조지훈
  * 에밀 집에 가자
    - 한스트락슬러
  * 내 꿈은 조퇴 - 배지영
  * 만복이네 떡집 - 김리리
  * 푸른 사자 와니니 - 이현
  * 꽝 없는 뽑기 기계 - 곽유진
  * 변신 돼지 - 박주혜
  * 절대 딱지 - 최은영
  * 나는 3학년 2반 7번 애벌레
    - 창비
  * 두근두근 걱정대장 - 우미옥
  * 디다와 소풍요정 - 김진나

10
밤새도록 책 읽으려 하는 아이

간혹 유아기부터 밤새도록 책을 읽으려 하고 밤에 자지 않고 책을 읽어달라고 하는 경우가 있다. 책에 관심을 갖고 좋아하는 것은 내심 부모로서 기쁜 일이다. 하지만 아이가 해 달라고 하는 대로 밤새도록 엄마의 체력이 되는 한 읽어주어야 하는 것일까? 밤새도록 책을 읽는 것이 아이의 성장에 도움이 되는 것일까?

보통 밤10시~12시 사이에는 성장호르몬이 분비되는 시간이다. 잘 자는 수면 습관이 아이의 건강한 성장에 좋다. 밤10시 이전에는 잠드는 것이 좋다. 수면 습관을 잘 들일 수 있도록 저녁 시간의 루틴을 반복적으로 설계하는 것이 좋다. 예를 들어 잠을 자기 전에 씻고 책을 읽고 10시 이전에 잠들도록 반복하는 것이다. 책을 읽어주면 들으면서 잠이 드는 아이들도 많다. 그렇게 하면 자연스럽게 수면 습관이 든다.

잠을 자지 않으려는 경우는, 실제로 잠이 안 와서 보다는, 더 놀고 싶기 때문이다. 하지만 그것을 원하는 대로 다 따라서 해 줄 것이 아니라, 가정에서 반복적인 교육을 통해 우리 집은 이 시간이면 다 잠드는 시간이라는 것을 인지시켜줄 필요가 있다.

나의 경우도 한때는 아이들이 책을 몇 권을 읽고도 제시간에 자려고 하지 않고 잠투정을 부려서 곤란했던 적이 있다. 그럴 때는 잠들기에 좋은 책을 사서 읽어주었다. 박하 출판사의 '잠자고 싶은 토끼'라는 책인데 스웨덴의 한 심리학자가 써서 출판된 책이다. 심리학에 기반해서 문장의 리듬감이 구성되어 있어 때로는 강하게 때로는 천천히 읽어주면서 자연스럽게 수면을 유도한다. 군데군데 졸릴 때 하는 하품과 같은 행동을 집어넣어서 아이들이 편안하고 깊게 잠들 수 있도록 도와준다. 이 책을 다 읽을 때쯤이면 정말 마법처럼 잠이 들곤 했다. 비슷한 책으로는 '잠이 오는 이야기-책 소유', '꿀잠이 최고야-봄의 정원' 등이 있다.

초반에는 아이를 재우는 사람도 아이와 함께 잠드는 것이 좋다. 나도 한동안은 아이를 재우고 공부하던 것이 있어서, 아이를 일찍 재워야 한다는 강박이 있었다. 그래서 아이들이 잠들지 않으면 쉽게 화를 내게 되기도 했다. 하지만 아이들 잘 때 같이 잠이 들고 나서는 마음도 편안하고 아이들도 잠을 잘 잔다.

아이가 밤새도록 책을 읽으려고 한다고 해도 아무리 책이 학습능력에 도움을 준다고 해도 아이들은 잘 자야 건강하다. 낮에 잘 놀고 밤에 잘 잘 수 있도록 습관을 길러주는 것이 그 무엇보다 중요하다.

한 영재발굴방송에서 어렸을 때부터 밤새도록 책만 붙들고 있던 아이가 영재성은커녕 유사자폐라는 판단을 받았다. 그 부모는 영재인 줄만 알았던 아이가 자기 수준보다 높은 문제집을 척척 풀어내는 아이가 영재라고 생각했을 것이다. 아무리 뛰어난 학습능력을 갖추고 있다고 해도 뛰어난 학습능력을 발휘하기 위해선 무엇보다 건강해야 한다. 건강이 최우선이다. 아무리 공부를 잘해도 몸과 마음의 건강을 잃으면 무슨 소용이 있을까. 조금만 생각해도 판단할 수 있는 문제다.

최근 노르웨이 과학기술대학 연구팀이 아이들 799명을 대상으로 진행한 조사에 의하면 수면이 부족한 아이는 주의력 결핍 과잉 행동 장애, 불안장애 같은 정신건강의 문제가 발생할 수 있다는 연구결과가 나왔다. 이 연구는 아이들이 6세에서 12세가 될 때까지 2년 간격으로 계속하면서 수면시간과 정신건강 사이의 연관성을 분석했다. 그 결과 전체적으로 수면시간이 가장 짧은 아이들이 나중에 ADHD, 우울증, 불안장애 같은 정신건강 문제가 발생할 가능성이 가장 큰 것으로 나타났다. 어릴 때부터 수면 습관이 얼마나 중요한 것인지를 보여주는 결과이다.

거두절미하고 아이들은 정해진 시간에 자야 한다.

11

기다려주는 엄마, 웃는 아이

    아이가 한글을 공부할 나이가 되면, 엄마는 조급함이 느껴진다. 엄마의 조급함이 느껴질수록 아이는 더욱 가만히 앉아 한글을 공부하는 것을 힘들어한다. 나는 그럴수록 조금만 기다려주라고 조언을 한다. 엄마는 가장 좋은 선생님이지만, 가장 큰 방해물이 될 수 있다. 하루종일 엄마는 바쁘지만, 아이는 그런 엄마의 사정을 봐주지 않는다. 청소를 할 때도, 설거지를 할 때도, 밥을 할 때도, 호기심 많은 아이는 자기가 알게 된 것을 조잘조잘 이야기하고 모르는 것을 질문하기도 한다. 그럴 때 잠시 아이의 눈을 보고 경청 해주자. 그리고 바로 할 일을 끝내고 엄마도 같이 아이의 놀이에 참여할 것을 인지시켜주어야 한다. 그리고 그렇게 해야 한다.

    호기심 충만한 아이가 책을 읽어달라, 가르쳐달라고 할 때는 아이가 원한다고 해서 설거지를 하다가 고무장갑을 벗을 것이 아니라, 잠시 멈추고 아이가 원하는 것을 들어주고 나서 들어줄 수 있는 것은 들어주고, 책 읽기 같이 시간이 오래 걸리는 것은 엄마가 최대한 빨리 끝내고 같이 읽자고 친절하게 이야기 해 주어야 한다. 그렇게 아이가 지금은 엄마가 책을 읽어주기 싫은게 아니라 집안일을 끝내고 더욱 편안한 마음으로 함께 즐겁게 책을 읽을 것이라는 걸 인지할 수 있도록 하자.

본격적으로 한글을 공부할 때는 시간을 정해서 공부하는 것이 좋다. 처음에는 5분도 좋다. 점차 점차 15분, 30분으로 늘려가면 좋다. 매일매일 하루 조금씩이라도 하는 것이 중요한 것이지 어떤 날은 한 시간 넘도록 오래 하다가 지쳐서 또 안 하다가 하는 습관이 반복되면 아이만 힘들고 차라리 안 하느니만 못하게 된다. 오후 시간이든 저녁 시간이든 아이에게 맞는 시간에 맞추는 것이 좋다. 어쩌다 한번 빠뜨린 경우는 자기 전에 잠깐이라도 해서 꼭 매일매일 하는 습관을 들이도록 하자.

그런데 아무리 매일매일 공부한다고 해도 한글 실력이 늘지 않을 수 있다. 주구장창 새로운 진도만 나가는 경우다. 예를 들어 오늘 기역, 니은을 배웠으면 다음 날은 기역니은을 복습하고 디귿을 배워야 한다. 복습은 아무리 많이 해도 지나치지 않다. 아이가 배운 것을 확실히 기억할 수 있도록 충분한 복습을 해 주어야 한다.

아이가 앉아 있는 것을 힘들어한다면 굳이 억지로 앉히려고 하지 말자. 아이가 싫어하는데 엄마가 공부를 강요하게 되면, 역효과만 난다. 엄마와 유대감이 잘 형성되어 있고, 평소 책을 많이 읽어주는 환경이라면, 굳이 공부를 따로 하자고 하지 않아도 자연스럽게 공부하는 분위기에 익숙해지지만, 공부하기를 싫어한다면, 잠시 기다려볼 필요가 있다. 전혀 책을 읽어준 적이 없다면, 그냥 어쩌다 한번 읽어주었다면, 다시 조금씩 아이와 살을 맞대고 책을 읽어주며 대화를 이끌어갈 필요가 있다.

아이들은 뛰어놀면서도 배우는 존재다. 맘껏 놀고 재미있는 놀이를 하면서도 공부를 할 수 있다. 재미있는 한글 놀이를 하면서, 한글에 관심을 가질 수 있도록 노력하고 기다려야 한다. 그리고 초등학교에 들어가면 40분 공부하고 10분 쉬는 패턴으로 4교시 또는 5교시까지 공부하게 된다. 활동성이 많은 아이는 의외로 앉아 있지를 못해서 힘들어하는 아이들이 많다. 초등학교 들어가기 적어도 1년 전부터는 조금씩이라도 앉아 있는 훈련을 하는 것이 좋다. 적어도 일주일에 세 번에서 네 번 정도는 조금씩 앉아 있는 훈련을 할 수 있도록 해야 새 학기에 40분씩 앉아 있는 빠른 적응을 할 수 있다.

모든 아이는 무한한 가능성이 있다고 믿는다. 엄마가 조급함을 내려놓고 기다려준다면, 아이는 행복하게 자랄 수 있을 것이다.

많은 엄마가 고민도 하지 않고, 내 자식은 내가 가르치기 힘들다는 이유로 무조건 일찍부터 한글 사교육을 시작한다. 사교육을 업으로 하는 나 같은 사람이 이런 말을 하기는 그렇지만, 나는 사실 사교육을 너무 일찍 시키는 것은 반대하는 사람이다. 어쩔 수 없어서 사교육에 맡기더라도 반드시 교육은 부모님과 함께여야 한다. 선생님께만 맡겨놓고 아무 관여도 하지 않다가 나중에 충격을 받는 경우를 많이 봤다.

아이의 한글을 고민하시는 많은 부모님께, 겁먹지 말고 한글을 직접 지도해 볼 것을 권한다. 내가 우리 아이들을 가르쳐 본 경험이 없었다면 5년 전 다시 일하겠다고 마음먹고 한글을 가르치게 되었을 때 과연 자신 있게 가르칠 수 있었을까. 이런 직접적인 경험은 후에 내가 교육사업을 하는데 큰 기반이 되었다.

부모님뿐 아니라 선생님들 또한 교육현장에서 한글을 가르치는 데 많은 어려움을 느끼고 있다. 나 역시 그랬다.

아무쪼록 이 책이 어디에서건 한글을 가르치는데 어려움을 갖고 있는 모든 분에게 큰 힘이 되었으면 좋겠다. 모든 아이는 무한한 가능성이 있다는 말과 마찬가지로 세상의 모든 엄마도 무한한 가능성을 가진 예비 전문가다. 그러니 용기를 내어 한 걸음부터 시작하길 바란다. 이 책을 읽고 아이에게 한글을 직접 가르치고 싶거나 전문가로 우뚝 서고 싶은 분들에게 도움을 드리는 마음에 네이버 카페 〈우리아이 한글떼기〉를 소개한다. 아이를 가르치는 과정에서 질문이 있거나, 한글을 가르치는 직업을 가지고 싶다면, 언제든지 가입해서 도움을 받기를 바란다.

- 네이버카페
  https://cafe.naver.com/greenmm6uw

• 참고도서

글쓰기,이 좋은 공부 - 이오덕/양철북

엄마랑 한글 떼기 - 강진하/푸른육아

칼비테교육법/칼비테/차이정원

못 참는 아이 욱 하는 부모 - 오은영/ 코리아닷컴

한글이 우수할 수밖에 없는 열 두 가지 이유 - 노은주/단비어린이

한글피어나다 - 정해왕/해와나무

크라센의 읽기혁명 - 크라센/르네상스

하루15분 책 읽어주기의 힘 - 짐트렐리즈/북라인

한글 우리말을 담는 그릇 - 정성화/책 읽는 곰

우리아이 한글떼기 - 김효정,김미

우리아이낭독혁명- 고영선,김선/스마트북스

세종규칙 한글 프린트 http://www.hangeulstudy.com/hwp3/sejem.htm/한올림